基金项目：2021 年广西哲学社会科学规划研究课题“基于习近平总书记关于宣传思想工作的重要思想的广西旅游传播策略研究”结项成果（项目编号：21BKS002）

旅游文化传播理论与实践研究

王海迪　著

文化发展出版社
Cultural Development Press
· 北京 ·

图书在版编目（CIP）数据

旅游文化传播理论与实践研究 / 王海迪著．— 北京：文化发展出版社，2024.2
ISBN 978-7-5142-4302-4

Ⅰ．①旅… Ⅱ．①王… Ⅲ．①旅游文化－文化传播－研究－中国 Ⅳ．① F592

中国国家版本馆 CIP 数据核字 (2024) 第 027686 号

旅游文化传播理论与实践研究

王海迪　著

出 版 人：宋　娜
责任编辑：张宝平　　　　责任校对：侯　娜
责任印制：邓辉明　　　　封面设计：守正文化
出版发行：文化发展出版社（北京市翠微路 2 号　邮编：100036）
网　　址：www.wenhuafazhan.com
经　　销：全国新华书店
印　　刷：天津和萱印刷有限公司

开　　本：710mm × 1000mm　1/16
字　　数：220 千字
印　　张：11
版　　次：2024 年 3 月第 1 版
印　　次：2024 年 3 月第 1 次印刷

定　　价：72.00 元
I S B N：978-7-5142-4302-4

前　言

随着国民经济水平的不断提升，人们休闲娱乐的方式也更加多元化，由于旅游能帮助人们舒缓身心，因此其在国民中的受欢迎程度越来越高。如何加强对地区景区的宣传，提高地区旅游经济指数，已经成为各地区文旅部门思考的重要问题。将旅游文化作为旅游业发展和传播中的重要宣传点，有助于建立更加鲜明的景区形象，加强旅游经济水平提升。

旅游的本质是旅游者通过感受不同的风土人情，实现学习、健体、修身养性、放松身心等目的，也是人们追求精神愉悦的途径。旅游文化作为旅游资源中的重要组成部分，因具有明显的地域性和差异性特点，为旅游目的地赋予了独特的魅力和吸引力。人们在旅游的过程中会直接接触旅游目的地的风土人情，景区也会为游客展示自己的人文信息和历史信息。当游客深入旅游目的地游览时，会形成文化传播和经济交流的链条，使得旅游成为传播目的地文化的重要途径和方式。多元文化、多元思想在碰撞过程中实现互相融合和发展，使游客获得更多交流和共享的话题，也能进一步提升旅游目的地的影响力。旅游文化伴随着旅游活动的推进而同步传播，游客既是旅游文化的接收者，也是旅游文化的传播者，将文化传播工作和旅游宣传工作进行深度融合，既能提高游客对旅游目的地的兴趣，又能带动当地旅游经济发展。

本书的主要内容为旅游文化传播理论与实践研究。本书第一章为旅游文化概述，分为三个部分，第一节介绍了旅游文化的基本概念，第二节介绍了旅游主体文化的基本概念，第三节介绍了旅游介体文化的基本概念；第二章为文旅融合的理论知识，主要介绍了三部分内容，依次是文旅融合的基本概念、文旅融合的核心理论、文旅融合的市场动力机制；第三章为旅游文化与跨文化传播，第一节为旅游的文化扩散与整合，第二节为旅游的跨文化交流理论；第四章为旅游文化传播的策略，介绍了三个方面的内容，依次是传统媒介传播策略、网络媒体传播策略、其他形式的旅游文化传播策略；第五章主要介绍了世界级旅游城市建设中旅游文化传播实践——以桂林为例，包括三个方面的内容，依次是世界级旅游城市建设、旅游文化元素的挖掘与提炼、旅游文化传播路径。

在撰写本书的过程中，作者参考了大量的学术文献，得到了许多专家学者的帮助，在此表示真诚感谢。本书内容系统全面，论述条理清晰，深入浅出，但由于作者水平有限，书中难免有疏漏之处，希望广大同行及时指正。

王海迪

2023 年 7 月

目录

第一章　旅游文化概述……1

第一节　旅游文化的基本概念……1

第二节　旅游主体文化的基本概念……11

第三节　旅游介体文化的基本概念……33

第二章　文旅融合的理论知识……40

第一节　文旅融合的基本概念……40

第二节　文旅融合的核心理论……45

第三节　文旅融合的市场动力机制……57

第三章　旅游文化与跨文化传播……60

第一节　旅游的文化扩散与整合……60

第二节　旅游的跨文化交流理论……107

第四章　旅游文化传播的策略……125

第一节　传统媒介传播策略……125

第二节　网络媒体传播策略……127

第三节　其他形式的旅游文化传播策略……132

第五章　世界级旅游城市建设中旅游文化传播实践——以桂林为例 ………… 141
第一节　世界级旅游城市建设 ………… 141
第二节　旅游文化元素的挖掘与提炼 ………… 147
第三节　旅游文化传播路径 ………… 154

参考文献 ………… 169

第一章　旅游文化概述

本章的主要内容是旅游文化概述，分别从三个方面进行相关论述，依次是旅游文化的基本概念、旅游主体文化的基本概念、旅游介体文化的基本概念。

第一节　旅游文化的基本概念

自古以来，旅行与旅游就是一种文化行为和现象，只是到了工业革命以后，人们才开始从经济的角度研究旅游。1899 年，意大利人鲍迪奥（Bodio）发表《在意大利的外国人的移动及其消费的金钱》一文，开创了从经济学的学术视角探讨旅游现象的先河。此后，从经济学和商业的角度探讨旅游现象的文章和著作可谓层出不穷，各国政府也因旅游业具有赚取外汇、增加就业、促进经济增长、解决贫困问题等经济功能，开始重视旅游开发，大力扶持旅游业发展。

现代旅游表明，旅游是人类行为的一部分，伯林（Berlyne）称其为“人类探索行为”，它包含了许多表述性的文化内容，如仪式、艺术、运动、民俗。这些东西与日常生活不同，从而使生命变得更有意义。从个体的角度看，旅游是一种人类经历，是一种令人们感到快乐的活动，它反映了旅游者在从事该活动时的心理状态；从群体的角度看，旅游是一种社会行为，旅游者经常与他人分享旅游的经历，并在旅游时与旅游从业人员和当地居民等接触，这种接触可能产生友谊，也可能发生冲突。在后一种情况下，旅游者通过分享旅游体验，共享类似的旅游目的地、旅游方式，组织旅游活动等不同模式，形成团队旅游、背包客旅游、探险旅游等各种旅游文化现象。同时，旅游者的行为方式因其不同的文化背景而有所不同，他们选择旅游目的地、旅行方式以及对旅游景观的看法都深受自身文化背景的影响。这表明，旅游活动塑造了文化，同时，文化也影响了旅游活动。两者之间的交融和互动构成了形态各异、瑰丽多姿的旅游文化现象。在当今国际化和文化多元化的社会背景下，旅游中的传统文化展示一方面被简化和片面化地表述，另一方面又在怀旧的形象中得到了重塑。在这一过程中，文化已经不再是无意识的，而成为被游客消费的对象。文化成了旅游产品的重要元素。

文化是旅游的灵魂，旅游是文化的载体。旅游文化作为人类一种独特的文化现象，其因含义丰富、涉猎颇广，一直是旅游学者和其他社会科学（如人类学、社会学、文化学等）学者青睐的研究主题。但截至目前，就这一主题学界尚未达成太多共识。各种观点不断交锋，各个学派争执不下，对“旅游文化”这一基本概念没有形成共识，有些概念之间甚至相互抵牾、相去甚远。

为了厘清旅游文化的基本概念，探索旅游文化现象的产生原因、运行机理与其产生的深刻的社会影响，以下对旅游的基本概念进行论述。

一、旅游的概念

旅游究竟是什么，关于这个问题每本旅游学教材都会给出自己的答案。较为常见的做法是将国内外已有的定义做一番归纳总结与分析，然后改造出一个自己的定义。最有代表性的是李天元和库珀（Cooper）。但是大多数的定义目前还停留在将旅游定义成“活动 + 活动引起的现象和关系”这样的模式，似乎不将所有与旅游有关的内容都涵盖，就无法得到一个科学严谨的定义。

旅游作为一种人类活动早就存在了，旅游业只是为了适应这种人类活动的普遍开展才兴起的。将旅游界定为一种人类活动，并不影响我们去分析由此而引起的为此活动提供服务和支持的旅游业，更不影响我们去研究这种活动给目的地带来的各种影响。所以，将旅游定义为一个综合体的做法是典型的概念泛化。而这种倾向让旅游学肤浅化，让旅游学概念含糊不清，会让我们越来越偏离概念的核心。针对这种现状，有学者指出，旅游是一个需要重新加以解析的词汇。或者，它还是一个模糊概念，包含着太多不同的现象，以至于很难把它作为一个社会科学的基本概念加以使用，而这与当前旅游学研究被作为一项制度化的学术活动的现状是不协调的。

针对概念泛化问题，谢彦君在其代表性著作《基础旅游学》中对旅游的概念进行了有益的探索。他认为，旅游学的概念体系应该建立在三个原则基础上：第一，要严格区分迁徙、旅行和旅游三个概念系统；第二，关于旅游范畴的定义，可以区别为概念性定义和技术性定义两个层次；第三，对旅游的定义应能在本质、属性和特征三个层次给出旅游的规定性。基于此，他从对旅游现象的历史考察入手，深入剖析了旅游的本质及属性，对已经存在的旅游概念进行了分析总结，认为概念泛化是目前旅游基础研究的核心问题，并在最后给出了一个概念性定义：旅游是个人以前往异地寻求愉悦为主要目的而度过的一种具有社会、休闲和消费属性的短暂经历。①

从人类学、心理学和社会学等角度认识旅游，会使我们更加接近“旅游”这个概念的内核，虽然这可能使这个概念不再包罗万象。旅游是不同文化相互邂逅的过程，是通往自反性现代化的一个重要出口。纳尔逊·格雷本（Nelson Graburn）认为，我们的生活包含两种形态：其一为神圣的、非一般的、旅游的生活，其二为世俗的、一般的、待在家里的生活。旅游涉及旅行，甚至其外在表现形态就是旅行，不是工作，而是一种新发明，是一种“再创造”，这种“再创造”可以使我们从这个枯燥的世界中解脱出来，获得身心的恢复。它为日常生活提供了一种审美上的参照，它使我们的身心得到了恢复，身份得到了保持，还认识了不同的奇异事物。因此，旅游是一次神圣的历程，是一种现代的仪式。②

社会学家和地理学家将旅游看作一种移动方式（移动的范畴包括了从永久性的移居活动到日常的购物等各种形式的移动）。旅游不再是某种特别的活动，而只是一般社会活动中的一个普通部分。随着研究的不断推进，旅游的定义似乎更加难以界定了。从移动性的视角界定旅游，我们会面临将旅游等同于休闲的危险，但这种视角也给予我们启示：旅游行为最外显的表现形式就是空间的移动。通过分析，我们对旅游的界定应该有以下认识。

①旅游是一种休闲活动，它与有规律、有组织的工作对立存在，我们无法过一种旅游的日常生活。它仅仅是一种人类活动或行为，不包含旅游业，旅游业只是适应这种活动而出现的经济部门，更不包含这种活动的各种影响。旅游业和旅游活动的社会、经济、文化、政治影响都属于旅游学的研究范畴，但是它们不包含在“旅游”这个概念中。

②旅游作为一种文化现象，有外显和内隐的双重表现。从外显的角度看，旅游是一种空间置换活动，不涉及空间移动的活动不算旅游活动，因此移动性是旅游最明显的特征；从内隐的角度看，旅游是一种释放自我、调整生活状态、维持社会地位的活动，是生命的休闲，是灵魂的朝圣。

③旅游的定义有两种：概念性定义和技术性定义。作为从文化角度对旅游的研究，我们更看重旅游的概念性定义，因为概念性定义往往能触及概念的内核，

---

① 谢彦君．基础旅游学[M]．北京：中国旅游出版社，2004．

② 格雷本．人类学与旅游时代[M]．桂林：广西师范大学出版社，2009．

能抓住概念中稳定的特质。而技术性定义偏重使用，是为了便于统计而设定的。从某种意义上讲，旅游是没法统计的。

④旅游具有明确的动机。无论是现代旅游者追求的“原真性”，还是后现代旅游者追求的表层事物的享受，可以肯定的是他们追求的是非日常生活、非工作的一种生活状态和情绪。他们厌倦日常生活，暂时逃离日常生活，但最后又回归日常生活。

二、文化旅游的概念

要探讨旅游文化的问题，有一个概念我们必须先行介绍，因为这个概念经常和旅游文化混淆在一起，这个概念就是——文化旅游。

文化旅游是“新”旅游现象中最古老的，从古罗马时代开始，我们就出于各种文化的原因外出旅行。20 世纪 70 年代后期，文化旅游开始被看作一个特殊的产品种类，已经出现一部分旅游者为了对某一目的地的文化或遗产有更加深入的了解而旅游。刚开始，这部分旅游者大多是受过良好教育、经济条件较好的精英群体，他们追求阳光、沙滩、海水以外的度假方式。20 世纪 90 年代，文化旅游俨然成为一种特色鲜明、拥有大众市场的活动。随着时间的推移，旅游活动的文化性越来越凸显，文化旅游这一概念也在各种媒体和学术期刊上频繁出现。国外许多地区大力发展文化旅游，并制定了发展纲要。在欧洲，文化旅游成为追寻欧罗巴身份的一种主要而时尚的途径，如英、意、法、荷这些国家，把国内的文化及遗产作为核心吸引物推向国外游客，已成为文化旅游的最重要目的地。文化旅游已成为世界旅游发展的趋势。国内的各个省、市也纷纷跟进，举办各种文化旅游节，开发各种所谓文化旅游产品，甚至很多的企业也以文化旅游作为招牌。

旅游既不是一个现象，也不是一个单一的产业。它是一种包含了人类行为、资源利用、与其他人的互动、经济和环境的人类活动。既然旅游是一种人类活动，那么其活动的整体就具有文化性。正因为如此，任何旅游形式都是文化的，而不仅仅是经济的。然而我们所谓的文化旅游则是从旅游目的的规定性和旅游体验的效果的维度来谈的。它是旅游中的一种具有特殊品质的活动形式、产品形态，甚至可以上升为一种旅游哲学。

目前，对文化旅游的认识，综合国内外现有的观点主要有以下几种。

（一）旅游方式论

西方的专家大多都认为文化旅游是一种旅游方式，一个被广泛应用的定义认为：文化旅游是一种旅游者行为，这种旅游者拒绝大众旅游体验，并且关注环境、文化、遗产、民俗和历史特色，它与教育旅游有很多的共同特征。

美国旅游人类学家瓦伦·史密斯（Valene Smith）把旅游方式分为五种：民俗风情游、文化旅游、历史旅游、环境旅游、娱乐性旅游。其中文化旅游是指为了亲自体验在人们记忆中逐渐消失的生活方式而进行的旅行。[①] 由此可见，西方的学者主要从旅游者的角度看待文化旅游，更加关注旅游文化活动中作为主体的人。

在国内，也有部分学者持此种观点，如马波先生、张国洪先生认为，文化旅游是由人们对异地或异质文化的求知和憧憬引发的，离开自己的生活环境，观察、感受、体验异地或异质文化，满足文化介入或参与需求冲动的过程。[②]

（二）旅游产品论

国内部分专家认为文化旅游是一种旅游产品，如魏小安和张凌云认为，“长期以来，文化性资源始终是各国旅游业国际上最具比较优势的资源，文化旅游产品也是长盛不衰的产品”[③]，认为文化旅游产品不仅是旅游产品，而且存在已久。此外，也有学者认为，从强调旅游经历的文化体验的角度看，文化旅游不仅是一种旅游产品，而且是一种传统的旅游产品，它包含 9 种旅游产品形态：一般文化旅游、遗产旅游、博物馆与美术馆旅游、艺术欣赏旅游、民俗与民族风情旅游、怀旧与历史人物遗迹旅游、祭祖旅游、宗教旅游、文学旅游。

（三）抽象概念论

有学者认为，文化旅游不是一种产品，因为它既不是一种无形的服务，也不是一次经历。它只是一种意识、一种思想、一种方法，不可与观光、度假、休闲等其他形式的旅游产品相提并论，相反，它必然要与各种旅游产品结合起来，作为一种意识融入观光、度假等产品中去，使游客在观光、度假的过程中领略目的地丰富的文化底蕴的同时获得一次更有意义的旅游经历。文化旅游是一个抽象的

---

① 史密斯．东道主与游客：旅游人类学研究 [M]. 张晓萍，何昌邑，等译．昆明：云南大学出版社，2002.

② 张广海，方百寿．旅游管理综论 [M]. 北京：经济管理出版社，2004.

③ 魏小安，张凌云．共同的声音 世界旅游宣言 [M]. 北京：旅游教育出版社，2003.

概念，站在旅游经营者的角度看，文化旅游是一种产品设计的思路，只要旅游经营者在策划旅游产品时考虑为该产品增添文化色彩，都称得上是文化旅游的创意。而对于旅游者而言，文化旅游是一种旅游的方法。由于旅游吸引物的外部形态和内在的意蕴是不一样的，只要旅游者在旅游过程中是从深层次去观赏吸引物的内在美，领略它悠久的历史及灿烂的文化，以这种方法去从事旅游活动的，我们就可以说旅游者在从事文化旅游活动。所谓文化旅游，关键在对旅游之效用及旅游之目的所做的定性的“文化”，“旅游”只是形式。故文化旅游应定义为：通过旅游实现感知、了解、体察人类文化具体内容之目的的行为过程。

（四）社会形式论

部分西方学者认为，文化旅游仅仅就是一种赋予旅游一些新品质的社会形式。这种观点主要是从人类学的角度来看待文化旅游的，如文化人类学家克蕾克女士认为：旅游作为一种文化对发生在文化领域里的一系列矛盾现象能够起到舒缓作用；而文化旅游本身并非就是一种历史的存在和事实，它并没有发生根本性的变化，只是在当代的旅游活动中它包含着新的品质而已。她给文化旅游的定义是：“通过习惯性的旅行，使游客进入到其他文化和其他地方去了解当地的民众，他们的生活方式，遗产和艺术；以直接的方式真正了解这些文化以及他们在历史语境中的表现。”①

（五）“时尚”论

持“时尚”论观点的学者认为：文化旅游，特别是现代旅游，无论从时间上，还是从大规模旅游产业的情况来看，都具有短时期‘时尚’的某些特征。持时尚论的大有人在，各种文化旅游产品充斥市场就是明证，这些产品大多是观光旅游产品。把文化旅游当作“时尚”显然仅是一种经济利益驱动型认知。

仔细剖析以上的观点，旅游方式论和旅游产品论都存在界定不严的问题，其他的认识也并没有突破观光旅游的范围，或者各种方式彼此交叉。比如，有观点认为，文化旅游是一种旅游方式，这种方式拒绝大众旅游模式，对环境、文化遗产、民族和历史遗存感兴趣，与教育旅游有许多共同点。也有学者认为，文化旅游与教育旅游并列为不同的旅游方式。从本质看，教育旅游就是文化旅游的一种，我们很难把教育旅游从文化旅游中分离出来，更不用说将两者看成同一个层次。

由此可见，文化旅游是一个复杂的概念。从根本上说，文化旅游是个边界模

① 彭兆荣．旅游人类学视野中的“旅游文化”[J]．旅游学刊，2004（06）：20–27.

糊的概念，因为无论对利用它的旅游者，还是被利用的资源来说，我们都无法明确地界定。

三、旅游文化的概念

旅游，就是有限度地与日常生活分开，并允许自己沉浸在与日常和世俗生活不同的刺激中。这种活动涉及生活方式的改变，涉及空间位置的转换，涉及情绪心态的变化，是与人们的情感、信仰、行为方式等密不可分的。在长期的发展中，这种活动体现了一些与众不同的行为方式和价值观念，从而形成了一种独特的文化现象——旅游文化。旅游文化不同于旅游者文化和东道主文化，它是旅游过程中所有参与者的行为共同创造的一种独特的文化，这与他们常规状态下的日常文化明显不同，是由于他们离家而处于一种不同的心理状态。有关旅游文化的论著有很多，但要弄清楚“什么是旅游文化”“是否存在着没有时间和地域限制的共同的旅游文化”“它应该包含哪些内容”却不是件容易的事。“旅游文化”概念的模糊程度丝毫不亚于“旅游”概念。

目前，我国学界关于旅游文化的定义主要有以下几种。

（一）广义旅游文化说

此观点认为旅游文化近似于文化，只不过旅游文化是与人类旅游活动密切相关的文化，是旅游与文化的叠加。有相关研究学者认为，旅游文化的概念与广义的文化概念在外延上是基本重合的，而旅游文化的内涵则是对广义文化的消费，这样就产生了特殊的心理结构，形成了一种独特的生活方式。所以，旅游文化可以初步界定为是通过旅游这一特殊的生活方式，满足旅游者求新、求知、求乐、求美的欲望前形成的综合性现代文化现象。或者是通过对异国异地的文化消费而形成的现代特殊生活方式。

将旅游与文化联系起来，将旅游文化近似认为是文化，重视文化在旅游中的作用，客观上起到了促进旅游业健康、持续发展的作用。但这一定义太笼统、模糊，让人难以弄清楚旅游文化与其他文化的区别。这也导致旅游文化概念泛化，让我们更不容易明白究竟什么是旅游文化。

（二）民族文化说

这种学说最早见于《中国大百科全书·人文地理卷》，书中认为：旅游文化即旅游主体在旅游过程中所传播的本国文化和所接受的异国文化的总和。这一说法影响了部分研究者，其中比较典型的是喻学才。他在早期研究中指出："所谓旅游文化，是指某个民族或某个国家在世世代代的旅游实践过程中所体现出来的本民族或本国家文化。它包括只有这个民族、这个国家独有的哲学观念、审美习惯、民俗风情等文化形态。或者说，旅游文化就是一个民族的共同的文化传统在旅游过程中的特殊表现。"①

民族文化说把旅游文化等同于民族文化，作者认为二者只是在外延上有一部分重合，有一部分民族文化属于旅游文化，而在本质上二者是不同的。

（三）客体说与主体说

客体说的相关学者认为，旅游文化是与自然风光、古迹遗址有关的历史掌故、民俗文化、文学艺术、传说故事及百科知识等。这种观点强调旅游客体在旅游文化中的作用，其实质是将旅游文化资源等同于旅游文化。

而主体说则是从旅游者的角度来看待旅游文化，主体说的研究学者认为，旅游文化是旅游者或旅游服务者在旅游观赏或旅游服务过程中所反映出来的观念形态及其外在表现。

客体说只是罗列了几个例子来说明什么是旅游文化，而没有从本质上解释清楚什么是旅游文化；主体说指明了旅游文化的主体为旅游者和旅游服务者，将旅游文化与旅游文化资源区别开来有一定的进步性。但旅游文化所涉及的主体还包括目的地居民和政府等，因此上述观点涵盖的范围过于狭小。并且，观念形态和外在表现的区分显得过于笼统。

（四）碰撞说

此观点为目前学术界的大部分学者所接受，比较有代表性的是肖洪根给旅游文化下的定义：旅游文化是以广义的旅游主体为中心，以跨文化交际为媒介，在丰富多样的旅游活动中迸发出来的、形式复杂广泛的各种文化行为表征的总和。马波在其《现代旅游文化学》一书中认为：旅游文化是旅游者和旅游经营者在旅游消费或旅游经营服务中所反映、创造出来的观念形态及外在表现的总和，是旅游客源地社会文化和旅游接待地社会文化通过旅游者这个特殊媒介相互碰撞作用的过程和结果。②

---

① 喻学才．"山以贤称 境缘人胜"——中国旅游文化的重人传统[J]．湖北大学学报（哲学社会科学版），1987（06）：67—71，95．

② 马波．现代旅游文化学[M]．青岛：青岛大学出版社，1998．

从跨学科的视角来看，我们可以更清晰地认识这个概念。有学者从文化人类学的角度对旅游文化进行了定义：旅游文化是多元文化主体在相互接触中所形成的自我协调的意义系统，这一系统是由各介入主体围绕旅游活动而创造产生的。也有研究人员认为，旅游文化是人们的旅游体验与介入过程及其产品的总和。

沈祖祥认为，“碰撞说”从旅游主体、旅游客体和旅游媒体的关系出发，围绕旅游文化的动态特征，着重研究旅游过程中主客体通过媒介“碰撞”而产生的各种文化现象，兼顾旅游的三个基本要素，同时又分清主次，因此具有一定的进步性。[①]“碰撞说”强调旅游文化的创造性和动态性，将其外延控制在一定的范围内，从简单的“三体模式”（主体、客体、媒介）中努力跳脱出来，寻找旅游文化的实质内核，是有其积极意义的，这为学科建设和旅游文化的进一步研究奠定了基础。

旅游文化作为“文化”大范畴中的一部分而存在，其限定语“旅游”框限了其外延，同时也规定了其内涵。关于这一点很容易达成共识，但是问题比这个复杂得多，正如前面所阐述的，对于构成“旅游文化”的两个词语本身的界定尚未达成共识，因此对于“旅游文化”的认识并不是那么清晰明了。基于对“旅游”和“文化”的认识，关于“旅游文化”概念的界定有以下几点启示。

①没有旅游活动就没有旅游文化，旅游活动是旅游文化的前提。因此，不是因旅游活动而引起、产生的，虽然其本身被旅游业所利用的文化资源（如历史文化遗迹、民俗风情等），均不是旅游文化，而是旅游文化资源。这一点是旅游文化研究需要坚守的底线，是旅游文化研究的逻辑起点。但是需要指出的是，这些文化资源如果因为旅游活动的原因而发生了巨大变化，甚至从根本上改变了其原来的形态、性质，则改变部分应属于旅游文化范畴。比如某处历史遗迹因为旅游发展的原因，建立景区管理局进行专门管理、收取门票，由专门的规划机构对其进行重新规划、整修，增加旅游标示牌以迎合旅游者需要，设立咨询和旅游机构，聘请导游为游客解说景点等均应属于旅游文化的范畴。再比如某种民族歌舞或各种仪式本身不属于旅游文化，但是为了吸引旅游者而建立演艺机构，长期聘请艺人来表演这些独特的民族歌舞或进行某种仪式，因为需要对这些歌舞和仪式进行改编，这些都属于旅游文化范畴，即文化旅游资源不是旅游文化，但是文化旅游资源的管理方式、利用方式却是旅游文化的重要内容。

②旅游文化具有共享性、习得性、象征性和整体性。旅游文化是某个旅游者

① 沈祖祥．旅游文化概论[M]．福州：福建人民出版社，1999．

群体所共享的，某个旅游者是无法创造旅游文化的，也没有任何一种旅游文化为某个旅游者所独享。某个旅游者群体所共享的是一系列符号，这些符号具有象征意义，他们通过这些符号进行交流和传播。部分符号会形成传统，在旅游者中一代一代传下去或传遍全球。旅游者通过习得旅游文化而成为旅游者，其大多穿休闲服装，带照相机，东张西望，在人群中有很高的辨识性，这一系列的行为方式并不是旅游者与生俱来的，而是通过学习来传播的。这些符号与隐在的意义形成了一个完整的旅游文化系统，国家的旅游政策、东道主政府的开发规划与管理、东道主居民的文化、旅游接待者的接待方式、旅游者的旅游方式与文化等相互影响，共同构成一个完整的旅游文化系统，共同发挥作用。

③旅游文化是动态的、构建的文化。当今社会整体体现出一种“移动性”，而旅游是其中最典型的例证。这种移动性当然也体现在旅游文化本身，它并不是由一系列刻板的符号构成的，也不是由信仰、知识、价值观念和实践构成的一个稳定的共享的体系，它随着移动性的加剧而不断变化。旅游文化以跨文化传播的方式，不断发展，甚至变革。旅游文化的意义并不是由传统提供的稳定符号组成，它借由旅游者来构建。因此我们不能简单地把旅游文化划分为旅游主体文化、旅游客体文化、旅游介体文化三部分，这种划分看似结构清晰，但其最大的问题就在于以固定的视角看待旅游文化。旅游文化最难以捉摸的地方在于其动态构建性，这也正是它最有魅力的地方。旅游文化形成的过程是旅游者与旅游经营者、旅游服务人员、东道主政府、东道主居民等共同作用的过程，因此，如果非要对旅游文化进行结构划分，可以将其划分为旅游者文化与旅游介入文化两部分。

④旅游文化的中心是旅游者。旅游文化是因旅游者的行动而引起的由一系列共享的理念、信仰、制度、行为方式等构成的符号与意义系统。虽然在旅游文化形成的过程中，东道主政府和居民、旅游经营者和服务人员在互动的过程中共同起作用，但没有旅游者的行动，其他方面将变得毫无意义。毫无疑问，关于旅游者的文化是旅游文化的中心与核心。把握这一点是研究旅游文化的关键所在，而这也正是我们当前研究的薄弱环节。

四、旅游文化学的内涵

对于旅游文化学的理解，有两种构词方式：一种是“旅游＋文化学”；另一种是“旅游文化＋学”。这是事关研究对象的宏旨问题。国内的所有教材都采用了第二种解读方式，把旅游文化学的研究对象看作是旅游文化这种社会现象。

这两种解读方式给我们提供了两个不同方面的命题。

其一，对旅游文化现象内涵与表现及产生机理进行研究；

其二，从文化的视角去探讨旅游活动中的各种现象。

第一个命题是旅游文化研究的核心；而第二个命题范畴比较宽广，是对第一个命题有益的补充。

命题一涵盖的范畴有：

①旅游者的理念价值体系和制度行为体系。我们从出行者（比旅游者更加宽泛的概念）文化以及旅游文学体裁——游记的分析入手，剖析旅游的文化价值，进而探讨旅游者的旅游动机、文化身份、旅游体验、旅游消费等。

②旅游企业与服务人员的行为方式、理念、价值观等，以及旅游企业与服务人员是如何影响旅游者的行为的。

③东道主政府、居民在旅游活动中与旅游者的互动，这部分与旅游影响研究重合。其中包括旅游政策、旅游开发、旅游产业，以及分析游客与东道主社会的权利博弈关系。在现代社会中，游客并不是可以到任何地方旅游，旅游受到国家和市场的控制。例如，游客凝视理论以及由此引发出的旅游凝视理论（比游客凝视理论范围更广）、旅游的跨文化现象、文化原真性问题、文化商品化、另类文化行为、麦当劳化、迪士尼化等。

④旅游行为在景观的构建过程中的重要影响，或者说旅游景观是如何在历史和当代话语背景下被建构起来的。这里不是简单地介绍旅游景观，剖析其文化内涵，而是探索旅游活动对其产生的影响。

命题二的范畴则更加广泛，如从人类学视角解读旅游现象，将其视为一次神圣的旅途；从社会学角度解读旅游者，将其作为研究现代社会的切入点，解读现代的社会结构。

第二节　旅游主体文化的基本概念

一、旅游主体的概念及其相关内容简介

（一）旅游主体的概念

旅游主体就是我们通常所说的旅游者，是旅游客体的游览主体。从辩证逻辑

上来讲，旅游的主体和客体是旅游行为中一对相辅相成的概念。没有旅游主体，就没有旅游客体，反之亦然。旅游主体是旅游活动和旅游审美的主体，只有与旅游客体对应时，它才能成为旅游主体。旅游审美是以旅游主体对旅游客体的直接审视为条件的。

从文化的角度来看，旅游主体是文化的负载者和传播者。其原因在于旅游主体负载着原有文化的内涵。旅游主体前往相异的文化空间中进行旅行和游览，在将原有文化传播到目的地的同时，也将各地的文化和风俗带回并传回原有文化环境之中。旅游主体并非简单的搬运工。他在传播文化的同时，也在两种或多种文化的比较和熏陶中，创造出新的文化和审美成果，如游记、旅游诗、摄影作品、绘画等。而最重要的是，旅游主体在游览过程中，在对文化差异的比较及文化交流的追求中，不断提高自身文化修养和素质。

（二）旅游主体的心理特征

1. 旅游主体的兴趣

作为心理特征之一的兴趣，对人们从事各种社会活动有着直接或者间接的影响。在旅游活动中，旅游主体的兴趣贯穿于旅游过程的始终，给旅游业带来不容忽视的影响。旅游业的从业人员要经营好自己的产业，首先要了解旅游主体的兴趣，继而创造条件满足他们的兴趣。旅游主体的兴趣主要表现在物质兴趣和精神兴趣两个方面。

（1）物质兴趣

①饮食方面。旅游地的饮食文化是旅游主体最感兴趣而且极想亲自体验的一项重要内容。外国的旅游主体到中国，想吃到具有中国特色的食品，如饺子和春卷等；中国的旅游主体到国外，也想品尝到各国风味食品，如到了法国，想吃法式西餐和饮用法国的白兰地，到阿拉伯想吃烧烤等。对于国内范围的旅游主体来说，其到沿海地区旅游时，想吃鲜美的鱼虾等海产品；平原地区的旅游主体到山区，对山区的特产和真正意义的绿色食品感兴趣；到西安，谁都不会放过品尝羊肉泡馍的机会；到广州，想品味久负盛名的早茶；到内蒙古牧区，想品尝手抓羊肉。

②住宿方面。除了各种档次的宾馆、饭店之外，各种富有地方风情、民俗情韵的居住方式，也是旅客最感兴趣的，如北京——四合院、北方——火炕、内蒙古——蒙古包、西南地区——竹楼。

③出行方面。汽车、火车、飞机、轮船等现代交通工具是远距离旅游的必备

条件，也是旅游主体所追求的物质兴趣之一，因为许多旅游主体选用某一种交通工具时，常常是出于物质享受的目的，是想享受一下交通工具给人带来的快感。而短距离的旅游或是在旅游区内观光游览，旅游主体则更倾向于选择特殊的或比较原始的交通工具，如乘坐狗拉爬犁、马车、竹排，或骑马、骑大象等。

④购物方面。旅游主体对外地、外国的商品一般都具有比较浓厚的兴趣，尤其是有着浓厚地方特色的价廉物美的商品或者可以作为纪念的商品。

（2）精神兴趣

随着现代旅游业的发展，旅游主体特别期待能满足认识兴趣的专项旅游。例如，旅游者参观博物馆，以满足其对于自然和社会认识的兴趣；参观古建筑、纪念馆，以满足其对于各地历史认识的兴趣；参观少数民族部落，以满足其了解其他民俗文化的兴趣。此外像探险旅游、宗教旅游等，都是为了满足某一领域的兴趣。

旅游主体在参观、游览的过程中，还表现出强烈的认识自我的兴趣，即亲自实践、亲自参与、检验自我、发现自我；游览牧区时，与牧民共同放牧的兴趣；海上游玩，与渔民共同捕鱼的乐趣等。

观看或者参加文艺活动、体育表演，也是旅游主体精神兴趣的一个组成部分。大多数旅游主体都希望在旅游的过程中能有机会一睹各国各地的文艺表演，并把它作为旅游生活中不可缺少的内容之一。有些旅游主体甚至还参加到文艺表演之中，如到苗族、傣族地区去旅游，便可以与当地居民一起载歌载舞。

随着现代奥林匹克运动的发展，世界各地经常举办各种类型的体育比赛，观看体育比赛和观看文艺演出一样，同样是旅游主体极感兴趣的内容。尤其是随着本国或自己支持的运动队到其他国家、地区去观看比赛，或者当啦啦队成员，更是一部分旅游主体所热衷的。

另外，各种休闲兴趣也是旅游主体较为热衷的。例如，钓鱼、爬山、游泳、划船、骑自行车，等等，都是为了使自己得到放松与休息。

2. 旅游主体的气质

和旅游主体的兴趣一样，旅游主体的气质、性格对旅游主体自身的旅游生活以及旅游业的旅游服务同样会产生很大的影响。

气质是指人的高级神经活动类型的特性在行为方式上的表现，也是指人的心理活动发生的速度、强度和指向性等动力的特征。旅游主体的气质可以分为四种，即活泼型、安静型、急躁型和胆小型。

（1）活泼型气质

活泼型气质即通常所指的多血质气质。具有这种气质的旅游主体活泼好动，很热爱旅游，也很适合旅游。他们希望旅游项目丰富多彩，以满足他们容易转移的注意力。他们不喜欢长时间地沉浸于单一的旅游项目之中，尤其是那些只需静观而无须运动的项目。他们特别热爱爬山、游泳、跳舞等。在与其他旅游主体相处的过程中，他们热情大方、善于交友，能够替别人着想，尽可能地帮助别人，因而容易获得别人的好感，成为别人信任的伙伴。对于旅游服务，他们能够善意、直率地提出自己的意见和看法。

（2）安静型气质

安静型气质即黏液质气质。具有这种气质的旅游主体具有比较稳定的兴趣，一般不易转移。他们乐于参加以往曾参加过的、比较平衡的旅游项目。他们的旅游计划比较周密，对旅游线路、就餐饭店、住宿等都考虑得十分详细，旅游中他们沉默寡言，不与别人交际，也不愿意与旅游服务人员多接触，只愿独来独往。对于服务中存在的问题，他们一般都能保持理智，用比较平衡的方式表达自己的态度，如果个人遇到麻烦，也不愿意去打扰别人，而更愿意自己解决。

（3）急躁型气质

急躁型气质即胆汁质气质。这类旅游主体精力充沛，但情绪不稳定，容易激动，在旅游过程中容易急躁，缺乏足够的耐心。他们喜欢参加富有刺激性和挑战性的项目，喜欢在各个方面都争得领先的位置。遇到困难和挫折时，常常会忍不住生气、发牢骚，甚至有过激的行为。同时他们也热情洋溢，喜欢直率地表露自己的情绪，当看到美好的景物或遇到开心的事情时，总是溢于言表，公开表露，甚至不顾一切大喊大叫。

（4）胆小型气质

胆小型气质即抑郁型气质。具有这类气质的旅游主体胆小畏缩，他们对于旅游项目、旅游方式的选择常常具有传统的习惯倾向，只喜爱自己比较熟悉的、比较平衡的旅游项目，对于新开辟的旅游场所、新的旅游项目不大感兴趣，对那些刺激性强、有危险的项目则不感兴趣，甚至讨厌。他们有强烈的自我保护意识，在旅游中行动迟缓、十分重视内心的体验，对于外部事物认识的兴趣很浓厚，注重认真观察、仔细体会，注意搜集各种资料。这类旅游主体的性格比较孤僻，对别人的戒备心很强，不喜欢交流。

3．旅游主体的性格

一个人的性格是指某人现实所持有的稳定的态度及其习惯化了的行为方式的

个性心理特征。性格与气质不同，它是人们在后天的生活、教育和个人参加实践活动中逐步形成的，是一个人的个性心理特征的核心部分，与其个人自身的世界观、人生观和价值观紧密联系。

旅游主体按照不同特征划分，可分为不同的性格类型。

（1）按心理机能特征划分

按照旅游主体的心理机能的特征划分，可以分为理智型、情绪型和意志型三种性格类型。

①理智型旅游主体。他们是具有良好的修养，层次较高的人。他们能够根据个人的身体、经济、时间等条件来安排科学的旅游计划。当计划与实际情况发生冲突时，他们又能及时改变计划，表现出很大的灵活性。在情绪上他们表现镇定，高兴时不狂放，遇到挫折时不沮丧。能够理智地处理好与其他旅游主体及旅游服务人员之间发生的问题。

②情绪型旅游主体。这一部分旅游主体情绪抑制力弱，全部互动都被情绪所支配。他们的旅游计划、行为受其情绪的控制，缺乏规划性、合理性。在旅游中为了满足个人情感的需要，他们常常进行不合理的消费。

③意志型旅游主体。他们是执着追求的人。当他们个人准备好旅游计划后，便积极行动，按计划行事。执行时遇到困难，也不后退，而是迎着困难，为实现自己的预期目标而努力。

（2）按心理活动倾向划分

按照旅游主体心理活动的倾向划分，可分为内向型和外向型两种性格类型。

①内向型旅游主体。他们的情感从不外露，旅游时比较谨慎，行为小心仔细；对外部的各种刺激反应不强烈，不敏感，适应环境的能力较差；他们不喜欢与别的旅游主体交往，很少与别人一起行动、交谈，情绪上常常表现得郁郁寡欢。

②外向型旅游主体。他们性格外露、开朗、大方、活泼。在旅游活动中表现得积极，行为上无拘无束，不拘小节，喜欢主动与其他旅游主体交谈，能很快适应旅游环境的迅速变化。

（3）按个体行为特点划分

按照旅游主体个体行为特点划分，可以分为独立型和顺从型两种性格类型。

①独立型旅游主体。这类旅游主体有自己的观点，他们完全按照自己的独立思考去处理旅游中的各种事情，在旅游地点、项目选择以及旅游购物方面，通常不会轻易改变计划。遇到突发情况时，他们能够沉着冷静地解决问题。

②顺从型旅游主体。与独立型相反，这类旅游主体缺乏主见，独立决策能力较差，旅游中愿意听从旅游服务人员的引导，也喜欢效仿其他旅游主体的做法。对于外界的暗示、宣传缺乏自己的判断。

（4）按社会生活方式划分

按旅游主体的社会生活方式来划分，主要分为理论型旅游主体、经济型旅游主体、审美型旅游主体、社会型旅游主体。

①理论型旅游主体。这类旅游主体能看出旅游生活中的问题，但不能切实地找出解决问题的办法。

②经济型旅游主体。这类旅游主体善于精打细算，能将时间和金钱在旅游中发挥出最大的效益，但有时过于斤斤计较。

③审美型旅游主体。这类旅游主体为了寻求生活和自然中的美而参加旅游活动，他们不太考虑经济方面的得失，也不去计较与审美活动不相干的事情。

④社会型旅游主体。这类旅游主体对社会有较强的责任心，注重旅游环境的质量，能以自己的实际行动保护各种旅游资源，能够尽自己所能帮助其他旅游主体。

（三）旅游主体的旅游心理

人们参加旅游活动，是为了满足其需要，根据人内在的需要，人们的动机可以归纳为两个方面，一方面是原始性动机，即生理起源动机，或称作生活起源动机。这方面的动机是由人的一般性需要和动机性需要产生的，是满足身体内部生理平衡的动机，它的内容包括消除饥渴、睡眠、解决痛苦等，原始性的动机是人的比较简单、低级的基本动机，它产生的需要是低级的需要。另一方面是社会性动机，即人的起源动机或衍生动机。它是通过学习而获得的，由人的信念、道德、理想等引起的动机，包括人们对工作、成功、交际、履行社会义务以及道德感等的需要。

根据外在的某种刺激，人的动机又可分为物质需求与精神需求两类。物质需求是指人们对衣、食、住、行等各种生活和生产必需品的需求；精神需求指的是人们对现实形态如理想、科学、文化、艺术等的需求，以及获得自尊心、成就感、荣誉等的需求。

人的需求是多方面、复杂的。美国著名心理学家马斯洛曾指出关于人类五种需求的需求层次理论，即生理需要、安全需要、爱与归属需求、尊重需要和自我实现需要。在五大需求的基础上，他又将它们分为七大层次，分别为：生理需要，即吃、喝、住、行的需要；安全需要，即躲避危险的需要；爱与归属需要；尊重需要，即受到别人称赞及尊重的需要；认知需要，即求知探索的需要；审美需要；自我实现需要。这七个层次的关系是由低级到高级递进的，人类只有在满足了生理需要的基础上，才逐步向更高一级的需要发展。①

依据人的行为是满足人自身某种需要的理论，我们可以探讨一下，人们的什么需要刺激了人们去从事旅游活动。

首先，人们从事旅游活动是出于其对生理满足的追求。保持健康、维持身体内的生理平衡，是他们最基本的要求与愿望。人们去旅游，所追求的正是要获得生理需要的满足。例如生活在寒冷地带的旅游主体到温暖的地方去旅游，其目的之一是有效地躲避寒冷对人们的侵袭；反之，生活在炎热地方的人到凉爽的地方去旅游，也是为了免遭酷热之难耐。患有各种疾病的人以及经过长期劳作，需要通过休息来恢复精力的人，希望到海滨、山地等环境优良的地方去旅游，获得那里纯净的空气、明媚的阳光和特殊矿物质，以利于病痛的康复和疲劳的消除。现代社会发展了体育旅游，其参加者动机是多方面的。其中最基本的动机就是强身健体、焕发青春。生理需要的动机占据了首要位置。同时，人们从事旅游活动不但追求在环境方面获得满足，也追求在物质方面得到满足，这主要表现在饮食方面。人们在旅游中会追求物质上的满足。在旅游的过程中，每到一地，旅客的最大愿望之一就是品尝到当地的各种风味食品、名点小吃，从而一饱口福，获得物质方面的享受。此外，旅游主体通过旅游追求物质需要的动机，还表现在他们热衷于在旅途中购置各种商品等方面。

其次，人们从事旅游的动机是追求心理需求、精神需求的满足。心理、精神需求是一种深层次的需求，它是在人们满足了生理、物质需求之后所产生的新的需求。因而，社会越向前发展，旅游越是进入高级阶段，人们的旅游动机中追求心理和精神需求的成分就越多。

在心理、精神需求动机中，认知动机是引发旅游行为的最重要的动机。人生来便充满各种好奇心，有了解与认识世界的愿望。为了开阔眼界，扩大自己的知识领域，便想走出家门，到外部世界去旅游。古人云：读万卷书，行万里路。在书斋里读书万卷，是为了满足从理性上认识世界的需求。而行路万里，是为了满足从感性上认识世界的需求。人们为了了解地理、地质的概貌，就会像郦道元、

① 龚鹏．旅游文化[M]．北京：北京理工大学出版社，2016.

徐霞客那样，去游览山川；为了了解某地、某民族的地方风土人情，就会学习民俗学家，到某地去进行风俗旅游；为了了解历史文化，就会像司马迁那样，到四方去寻古查迹。在认知动机的推动下，各种专业、专题的旅游项目会应运而生。在现代，为了学习外地、外国的先进经验，也可以采用旅游的方式，考察那里的一切。为了了解、认知社会，可以到工厂、农村、企业中去，通过旅游有所了解。百闻不如一见，旅游对一个人的认知确实具有特殊的意义。

求美心理也是引发旅游的动机之一。所谓的求美心理，是指旅游寻求情感满足的心理。这是一种完全没有功利目的的心理。大多数旅游主体到大自然中去，并非为了学习地理、地质学等自然科学的知识，而是为了体验大自然的美好，去获取大自然给他们带来的愉悦和轻松的感觉。同样，多数旅游主体到有历史遗迹的地方，如中国的长城与兵马俑、埃及的金字塔等处去游览，并非为了了解历史，而是为了感受历史的美与深邃。人们到异国他乡去旅游，绝大多数也并非为了研究那里的人文民俗，而是为了获得奇特、新鲜的感受。许多人从事某一专题的旅游，如探险旅游、体育旅游等，也都是为了寻求精神的刺激，获得内心情感的满足。

满足爱的需求是引发旅游的又一动机。男女的婚恋之游就是为了爱的旅游，它充满了欢乐与浪漫的色彩。在舒适轻松的环境氛围中，婚恋中的男女既享受旅游带来的各种乐趣，彼此之间又增进了了解，培养了感情。典型的旅行结婚就属于婚恋之游。以满足爱的需求作为旅游动机的还有全家老少、亲朋好友或同事的结伴旅游。旅游主体通过旅游既获得了旅游带来的乐趣，又加深了亲情或友情。近年来，随着人民生活水平的提高，家庭的集体成员以旅游的方式来欢度传统节日的做法越来越盛行。这种旅游的动机正是满足了全家团圆、享受天伦之乐的需要。

在引发旅游的诸动机中，生理、物质、需求的动机和心理的动机并非单独存在于某个旅游者的身上，一个人去旅游，常常是两种动机并存的。同样，在心理诸动机中，也并非由一种心理动机在支配着旅游，一个人往往同时具备认知、求美、求爱等几种动机，只不过是其中一种动机占主要地位罢了。

（四）旅游主体的审美主题

1. 旅游审美主题的丰富性

旅游审美主题是指旅游者从自身的审美心理、旅游动机出发而确立的具体的旅游审美对象。

旅游审美主题的丰富性源于旅游主体审美心理、旅游动机的复杂性和多样性。如上所述，旅游主体的气质、性格多种多样，他们各自的经济条件、文化水平、经历、阅历千差万别。尤其是受特定时代环境的影响，人们的思想观念也在不断发生着变化。所以人们的审美心理、旅游动机便相应地复杂多变。在不同的审美心理、旅游动机的制约下，不同的旅游主体必然选择不同的旅游对象，确定不同的审美主题。

与此同时，旅游业的不断发展为旅游主体创造了更多的审美空间与审美对象，使旅游主体的审美主题更加丰富、多样。古代的旅游，人们的审美主题大多为自然山川方面，此外还有园林、寺院等少量的人文景观，旅游的审美主题比较单调。现代的旅游就大不相同了，可供旅游的项目不断增加，例如，影视业的发展。美国建起了迪士尼乐园，随后这类乐园又扩展到了其他国家。中国也建起了大观园、汉城、唐城和水浒城等用于拍摄影片，继而又为旅游主体提供影视情节或历史的审美主题。遍布世界各地、利用现代技术建立起来的游乐场为旅游主体提供了享受乐趣、经历奇险的审美主题。我国北京、深圳等地的世纪公园、民族树等景观为旅游主体提供了无须走出国门即可周游世界、游览风景名胜的审美主题。

2. 旅游审美主题的类别

旅游审美主题的分类可以从不同角度入手作不同的划分。从旅游审美主题所反映的对象与审美主题旅游者的关系角度划分，可以将旅游审美主题归结为自然类、社会类和精神类三种。

（1）自然类审美主题

自然类审美主题是指以大自然和其中的各种自然物作为旅游和审美的对象。主要包括游览大自然的山水风光，对动物、植物、气候和地质等自然现象进行游览。自然万物是纷繁复杂、变化多端的。它能给旅游审美者层出不穷、永远率真以及新奇的美感，因而自然审美主题永远不会被人们遗忘。同时，自然万物又具有天然去雕饰的纯真美。这类美在现代人生活的环境中已经越来越少，所以它特别受现代人钟爱，是当代人旅游首选的审美主题。

（2）社会类审美主题

社会类审美主题即把社会文化作为旅游和审美的对象。它包括对风土人情的了解，对政治、经济生活现象的观察，对文化、艺术和科学的考察，对历史、考古的研究以及与特定的人群交往等。社会类审美主题也是相对的。旅游者确立社会类的审美主题，主要是为了满足认知的需要。

（3）精神类审美主题

精神类审美主题是把满足精神需要的某种特殊方式作为审美的对象。例如，选择可以使精神受到高度冲击的登山、漂流、滑雪、蹦极等各类旅游。这类审美主题虽然也选择了将某种具体或抽象的事物作为审美的对象，但旅游者审美的核心都不在事物或过程本身，而在于它们所反映出的境界以及所折射出的精神。

二、旅游主体文化的概念及其相关内容简介

（一）旅游主体的文化动机

1. 审美动机

人们旅游的动机是多种多样的，不过，审美动机是诸多旅游动机中的优势动机，审美型的旅游主体是旅游队伍中的主力军。人类的审美需要通过旅游来满足有两个重要的原因：一是从旅游客体的角度来看，旅游资源与一般资源的根本区别在于它具有审美的特征，具备观赏性。旅游主体外出旅游就是要获得精神享受，通过对旅游资源的欣赏，满足人的审美需要。二是从旅游主体的角度来看，现代旅游活动是社会经济、文化发展的结果。随着人们精神生活的不断丰富，旅游已经成为社会生活的重要组成部分，通过旅游来实现审美是现代审美文化的重要内容。旅游审美动机可以分为以下几种类型。

（1）自然审美型动机

自然审美动机的指向是自然美。自然美是一种最常见的美的类型，为了陶冶性情、修身养性，旅游主体大多愿意选择以自然作为审美对象，通过欣赏自然之美，消除疲劳，提高自身的审美力。山川流水的质感、线条、色彩等搭配，能够给人以不同的美感，天象、气候、动植物等也能让人有不同的审美体验。

（2）艺术审美型动机

艺术审美型动机是以欣赏艺术作品作为旅游的目的。审美的对象涉及各类人文艺术种类，如建筑以流畅的线条，风格迥异的造型吸引游客，用智慧创造出巧夺天工的艺术美感。

（3）社会审美型动机

社会审美型动机是以审美的眼光观察、体验旅游地社会的制度、结构、人情、伦理、道德、民风与生活方式。各种服饰、礼俗等可以刺激人的感官，并带来审美的体验。尤其是独具特色的民族民俗风情往往是一个旅游地吸引游客的最大亮

点，因为它呈现了当地自然、人文方面的个性特征，是区别于其他地区的最主要的标志，如傣族的泼水节就是典型。

（4）饮食审美型动机

美食作为中国文化“四宝”（绘画、书法、中医、烹饪）之一，往往成为旅游主体的旅游动机。可以说，大部分中国旅游主体的旅游动机中都含有这样的动机。饮食，尤其是东方的饮食，不仅能够满足人们品尝的愿望，更是在很大程度上给人带来了美感。

2. 学习动机

学习动机又可细分为有目的的学习和无意识的好奇两种类型。

（1）有目的的学习

相比于书本知识的有限，旅游可以开阔视野，学到大量书本上学不到的知识，也能为书本知识作必要的补充。“读万卷书，行万里路”便是中国古代朴素的旅行观，自春秋时期以孔子为代表的士大夫阶层的游学，到汉代司马迁的社会考察旅行，到唐宋文人墨客的漫游及僧侣的仙游，再到明清时期李时珍、徐霞客等专业人士的调查旅行以及唐寅等艺术名人的周游各地，无不以学习作为一大动机，为自己的专业领域提供丰富的素材。正是旅行，成就了《论语》《史记》《徐霞客游记》等珍贵的中华文化遗产。

中国当今满足旅游者修学旅行的典型例子当数孔子家乡修学旅游。孔子家乡修学旅游始创于 1989 年，以接待海内外修学旅游团体为主，每期十余人到几十人不等，修学期限一般 3～15 天。开学时，学员身穿中国古代学士服，头戴学士帽，在孔子当年讲学的孔子杏坛前举行开学典礼。学习方式是授课与参观、实践相结合，主要学习内容有孔子生平及其哲学思想、中国历史书法、绘画、音乐、武术、民俗、中医、烹饪等，一般半天安排学习，半天参观、实践。结业时，工作人员在孔子墓前颁发纪念证书。孔子家乡修学旅游具有浓郁的中国传统文化特色，融知识性与趣味性于一体，深受海内外游客的欢迎。

如今，随着人们素质的提高，越来越多的游客渴望从旅途中增长见识，扩大视野。出于学习动机旅游的主要人群是学生、学者。广大学生为了补充书本知识而进行的修学旅游，如中小学生专门针对课文所述的景观的旅游，高中生的理想大学之旅，或者学生到国外名校的旅游，以及专家学者的考察及学术会议、论坛等，是最常见的修学旅游方式。

(2) 无意识的好奇

好奇是人之本性。出于学习动机旅游的游客是抱着特定的学习目的去旅游的，而出于好奇动机旅游的游客则缺乏这种具体的学习任务，只是怀着一种探索求新的心态去了解不同环境里的异域风情。其实人们不断追求新的旅游地，很大程度上就是为了满足自己的好奇心。当然旅游主体的兴趣不同，对不同景观的好奇程度也不相同。

3. 刺激动机

日常生活模式化可能会使得人们对千篇一律的生活感到厌烦，因此，家庭生活或工作的单调性、可预见性和不变性，必须用一定程度的复杂性和变化来刺激。刺激不足容易使人产生疲倦，而旅游正是对现实生活的逃避，可以改变生活的单调性。

旅游主体都带有一定程度的寻求刺激的动机，希望到一个与平时生活不同的环境中去体验不同的生活。对于与日常生活不同的体验有不可预见性，这种不可预见性多少也就带了一些刺激的成分。

对刺激的追求，因人的不同个性心理特征而有所差异。人们的个性心理特征可分为自我中心型、近自我中心型、中间型、近多中心型和多中心型五种类型。自我中心型的人谨小慎微，不爱冒险，外出的可能性相对较小，旅游时容易选择常规类型、风险小的项目。与之相反，多中心型的人行为上喜欢新奇，爱冒险，更喜欢另类的旅游，以寻求更大的刺激。其余的三种类型处于两者之间。今天，追求刺激更多地表现在对生理和心理的挑战上，包括登山攀岩、滑雪、野外生存、漂流、山地穿越、蹦极、滑翔等具有挑战性和探险性的体育活动。

4. 怀旧动机

人类希望能够看到历史的遗迹、重温逝去的光阴，来满足人的归属感和认同感。现代怀旧是指对过去事情的失落感，这些东西是人们曾经熟悉的东西，具有某种象征和表达感情的符号意义。当代人的怀旧既有人类对工业化时代的怀念，也有不同地区的人们对不同时代的怀念。不同的人由于背景不同，旧念也各不相同。当然，怀旧的方式也是丰富多彩的，很多人通过旅游的方式达到对怀旧的全方位实现。因此，怀旧常常会作为一种旅游的动机出现，直至影响旅游决策和行为，如“重温历史，怀念过去光阴”“寻根问祖，故地重游”“返璞归真，寻访乡村生活”等都是怀旧动机的具体体现。

（二）旅游主体文化的界定

旅游主体文化作为旅游文化研究的重要组成部分，历来为学术界所重视，但对其研究内容却各抒己见，一直没有统一的定论。以下是对有一定影响的三种观点的简要介绍和分析。

观点一：旅游主体文化要素包括以下几个方面。

①旅游者的政治主张、思想和信仰；

②旅游者的旅游动因；

③旅游者的居住地文化形态；

④旅游者的文化素质、受教育程度；

⑤旅游者的职业；

⑥旅游者的心理、性格和爱好；

⑦旅游者的生活方式。

这种阐述比较具体，也包括了旅游者在旅游过程中的各种现象，但对旅游者的主体活动——旅游游览的文化现象有所忽视。

观点二：旅游主体文化的研究对象应是影响旅游者进行旅游决策的文化因素及旅游行为实施后旅游者所表现出来的各种文化现象。具体包括：

①旅游者的心理因素——旅游动机、爱好、性格、兴趣等；

②旅游审美要素及旅游者的审美表现——影响旅游者审美的因素、旅游者的文化背景、审美类型和审美方式；

③旅游者的消费行为——旅游者的消费价值观、生活方式、消费方式、消费行为模式；

④）旅游者的社会文化环境——社会时尚、历史认识。

这种阐述既明确提出了旅游主体文化的研究对象，又列出了具体内容，从总体来说，这种表述很有价值、值得重视。

观点三：旅游主体文化是与旅游者的思想观念、心理特征和行为方式有关的文化。具体包括：

①旅游者的所在国（地区）的文化形态；

②旅游者的思想信仰；

③旅游者的文化素质；

④旅游者的职业和经济状况；

⑤旅游者的心理、性格、爱好；

⑥旅游者的生活方式；

⑦旅游者的消费习惯。

这种表述既明确了旅游主体文化的研究对象，又提出了具体的研究内容，是目前学术界对旅游主体的研究对象及内容较为科学的表述，但对旅游决策的动因缺乏研究。

根据上述学术界对旅游主体文化的研究，可以给旅游主体文化下个定义：旅游主体文化是旅游文化的重要组成部分，是旅游者在旅游决策和旅游活动中所表现出来的各种文化现象的总和。

（三）旅游主体文化的地位

从本质上说，旅游文化是旅游的“人”化，即旅游者的文化，旅游主体文化在旅游文化中处于核心地位。这是因为旅游主体——旅游者在旅游活动和旅游文化中处于中心位置。

从社会行为意义上讲，旅游活动是旅游者的异地远足游览。

从文化角度来讲，旅游活动是围绕旅游者全部行为过程所发生的现象与影响的总和。

从旅游主体与旅游客体的关系看，旅游客体在旅游主体产生以前就已经存在，但它并非作为旅游客体而存在的，而是一种自然现象。只有旅游主体的出现，尤其是主体审美意识的产生，才使旅游客体成为旅游文化系统中的一环。旅游客体只是作为旅游文化的基础而存在。

从旅游主体与旅游介体的关系来看，旅游客体是旅游主体追求自由与限制自由的客观条件发生矛盾的必然结果，也就是说由于自然和社会条件限制了旅游主体的追求和游览，而旅游主体的这种追求又是坚定不移的，因此便滋生了帮助主体实现愿望的介体。旅游主体为了追求自由，要求旅游介体提供更好的服务，旅游介体为了获取更大的利润，不断满足旅游主体的需要，为主体提供更满意的服务。也就是说，旅游介体的一切行为活动都是围绕主体而展开的。没有旅游主体，旅游介体也就失去了工作的对象。

所以说，在旅游活动的三个基本要素（即旅游主体、客体、介体）中，旅游主体是主导和核心。由此也决定了旅游主体文化在旅游文化中处于核心地位。在旅游文化中，旅游客体文化和旅游介体以及常住地和目的地文化都因旅游主体文化现象的发生而被纳入旅游文化圈，并因旅游主体的线性流动而形成旅游文化系统。

（四）旅游主体文化的主要特征

1. 时代性

时代性是指旅游主体文化子系统具有时代特点，不同时代的旅游主体呈现出不同的文化观念和行为方式，即不同时代旅游主体的旅游文化观念和行为方式是有差别的，主要表现在以下几个方面。

（1）旅游主体性格

古代中国人表现为拘谨和内向；今天，尤其是青年旅游者则表现为开放和外向。

（2）旅游主体构成

古代休闲旅游者多为上层贵族；现在多为人民大众。

（3）旅游审美观念

对于同一个旅游客体，由于旅游审美标准不同，古代人可能不视为美意，现代人却欣赏倍加。大自然的某些现象在上古人的眼中是可怕的、灾难性的，而今天人们对自然山水的愉悦感受则完全不同。

另外，旅游主体审美观念的时代差异性也与其所处社会环境的审美密切相关。旅游主体的审美观念随着时代的发展而发展，因此，旅游主体文化的时代性特征是鲜明的。

2. 民族性

民族性是指旅游主体文化子系统具有民族特色。不同民族的旅游主体的文化观念和行为模式是不同的。旅游性格受传统文化影响，中国大多数旅游者比较内敛稳健，西方大多数旅游者则比较外向和具有冒险精神；中国人倾向于旅游道德塑造，且富于人文情怀，而西方人重于求知价值，充满科学精神。旅游主体分属于不同的民族，不同的民族处在各自的文化生态环境之中，因此旅游主体的审美风尚和审美标准便具有民族差异性。

3. 层次性

层次性是指旅游主体子系统所具有的文化社会层次性差异。不同文化社会层次的旅游主体的旅游文化观念和行为方式各有其特色。同一社会不同阶层的旅游者，有着不同的经济收入、教育程度、职业性质、居住环境、旅游工具和闲暇时间，随之会形成不同的旅游爱好、旅游观念和旅游性格。

（五）旅游主体的文化身份与文化人格

文化传统的形成有着多种因素，多民族文化传统也与其各自所生成的背景有着千丝万缕的联系。自然环境因素不仅作用于人的存在和生长，还作用于人类社会组织，且对人的心理造成强烈影响。一个群体在某一自然环境中生存了千百年后，将对这个环境产生心理上的适应。科学已经证明，人的心理素质和气质同自然环境有一定的联系。一般来说，由于人的心理机制要比生理机制更灵活、更易发挥作用，人的心理适应性也就更容易形成。当然，一种心理个性或心理特征的形成是一个过程，需要相当长的时间。所以当人们对某一地区适应之后，就认为它是故乡，时间越长，这种感觉越重。而生活在本民族区域，并且适应了该文化环境的人们，可以增强对外界压力的抵抗力，这也是导致区域的、民族的文化共同体稳定的原因之一。

1. 文化身份

文化身份这一概念在我国学术界使用年限不长，但所涉及的问题大家是很熟悉的。当一个人自我介绍说“我是中国人”“我是山西人”“我是上海人”时，他是以自己的国籍、省籍、市籍，即以自己生存的地域来限定自己，以区别于外国人、外省人或外市人。能使一个人、一个群体、一个民族或一国人和他人、他群体、他民族或他国人区别开来的，不仅是生存的地域，还有很多其他因素。那么，文化身份是怎么形成的？文化身份与民族性格的关系如何？文化身份与文化认同有什么关系？诸如此类问题，都是文化身份这个课题要研究的。

关于文化身份的定义，可以说是众说纷纭。得到大多数人认同且比较简单的说法是，文化身份是一个人、一个群体、一个民族在与他人、他群体、他民族相比较之下所认识到的自我形象。这是一个对自我肯定的更哲理化的规定。

那么，文化身份的内涵是什么呢？或者说，构成文化身份或构成自我形象的内容是什么呢？

文化身份的内涵即构成文化身份的内容，每个民族强调的重点不同。有的民族强调共同语言；有的民族强调宗教信仰；有的民族强调文化认同。事实上，任何文化成分都可用来当作确认自我身份的标识或特点，以区别于其他民族，达到自我肯定的目的。民族如此，个人也一样。当然，不同的肯定方式，其效果是不同的。在众多的构成文化身份的成分中，以下五方面是最为普遍和重要的。

其一，价值观念或价值体系。包括宗教信仰、伦理原则、世界观和人生观、集体和个人的社会理想等。这是文化身份的核心部分。不了解一个民族、一个群体或个人内化了的价值观念，就不能理解一个民族、一个群体或一个人的任何社会行为。在此也就确定了民族性格是文化身份最先的肯定方式。

其二，语言。包括书面语和口语、方言和土话、行话和切口，以及表达语言的文字等。语言不仅是交际工具，还是文化的载体。在身份体系里，语言扮演联络员的角色，其他成分都通过语言起作用。多亏了语言，构成民族灵魂的价值观念才代代相传；多亏了语言，一个民族的成员才互相认同，彼此感到亲切。

其三，家庭体制。包括家庭的形成、婚姻关系和家庭内部人与人之间的关系等。对一个民族来说，家庭就像文化身份的三棱镜，凡是文化所具有的一切特征，在家庭生活中都会得到反映。儿童首先在家庭中知道自己的身份，而后性格的发展和成年后性格的定型也是在家庭中进行的。人们对一个人的身份的最基本的概念，就是“某某的儿子”，认同的首先是此人的父母和祖先，因为他们之间有血缘关系。在海外的中国侨民常常以姓氏为旗帜，成立宗亲会，号召亲善和互助。

其四，生活方式。这里主要指构成生活的四大要素：衣食住行，即穿着方式、饮食习惯、居住方式和交通方式。生活方式是文化身份最显而易见的成分，也是变化最为迅速的成分，在消费社会里尤其如此。生活方式是个人借以自我表现以及让别人知道自己属性的手段。生活方式不仅是表达行为的外在形式，而且是行为所包含的价值观念的反映。在一个多样化的社会里，生活方式因社会阶层而异。社会地位和经济状况的不同影响生活方式的差异。教育水平和趣味的不同也影响人的生活方式。

其五，精神世界。这里指的是在一个民族的历史发展过程中，集体记忆力所储存的种种形象。这些形象，有的是史前遗留下来的民族神话传说；有的是历史上对民族发展做出过贡献的重要人物、民族英雄等；有的是文艺作品中虚构的人物形象；有的是绘画艺术、造型艺术、建筑艺术、电影、电视艺术等留下的视觉形象；有的是音乐作品，包括声乐和器乐作品、民歌、民乐所留下的听觉形象等。这种种形象把民族成员紧紧地凝聚在一起。一个人不管走到哪里，这些形象都伴随着他，藏在他的脑海中，成为其无形的精神上的依托。

以上述五种成分来分析，在旅游跨文化交流中，与其用人格，不如用文化身份概念更能概括旅游主体的文化特征。说主体的人格，主要是从心理学角度概括其心理特质和性格特点的总和；说主体的文化身份，更多的则是从文化社会学或文化人类学的角度概括包括民族性格在内的上述五方面的内涵。对旅游者来说，其文化身份确认也就是在与其他人、其他群体、包括其他民族相比较之下所认识到的自我形象的确认。

2. 文化人格

文化身份是一个综合概括力非常强的概念，具体表现为，我们在确认一个人的文化品位时，常用到人格概念。人格，作为学科的一个概念，不仅在心理学、社会心理学，也在文化人类学中出现。由此，对人格有不同的研究角度，也有略微不同的概念规定。不同学科对人格的定义中，所强调的重点不同。心理学者注重行为动力，文化人类学者注重整个内在过程特点。但是，二者都是把“心理过程”作为人格的内容。

人格的差异性造成了人格取向的多元化，为了适应社会生活和人际沟通，需要进行社会文化的塑造，使之形成“文化人格”。文化人格是个人显现出来的有益于社会的崇高的个性和品格，是社会文化体系塑造的结果，它在保持个体人格的前提下，进一步融入了所交往的各种社会的文化品质。文化人格以人的个性结构为基础，以人的价值观念和文化素质为灵魂。

旅游者个性的发挥，既与民族性格及文化人格对其约束的程度相关，更与时代的开放程度相关。时代越进步，个性就越解放，旅游者的文化人格就越呈多样化特色。这往往涉及文化的民族性与时代性的关系问题。值此文化转型之际，中国有不少人在旅游上呈现开放性格，虽然受到民族原生性格的约束，但时代又给了他们超越传统羁绊的推动力，从而形成次生性的文化人格特征。诸如徒步探险、漂流、攀岩、溶洞探险、远足野营、驾车周游乃至孤舟远航等盛行于西方的旅游项目已渐次在国内开展起来。旅游者文化人格与民族性格的关系，是个性与共性的关系。民族性格是就旅游者所呈现的整个民族的某些性格特征而言的，而旅游者的文化人格则是针对个体旅游者在旅游活动中所表现出来的性格特征而言的。另外，人格、性格等都包含于身份之内，旅游者的文化身份应是一个更宽泛的概念。

（六）旅游主体文化人格的塑造

旅游主体文化人格的塑造，是建立在人性发展的基础上的。旅游的发展正体现着主体人性从必然到自由的发展过程。旅游最初的起源是劳作性的旅行，是人类在生活和生产功利目的驱使下所进行的旅行，诸如商旅、游贾、游学、巡游等。人性在此时表现为生活的必然。当人类的物质生活条件得到发展、人性发展需要更为广阔的空间时，旅游也开始逐步摆脱物质的羁绊，容纳更多文化的和审美的内容。如果说劳作性旅行尚有人类的被动适应性生存的话，那么审美性和休闲性旅游则是人们主动开拓生活乃至生命力再创造的活动。人一旦从与自然界的原始统一性中分离出来后，就会逐步摆脱与自然原始统一时形成的被动适应的特征。他会发掘自己主动适应的能力，并通过开拓、创造，在现有的文化环境条件中为自己的生存获取更为丰富的物质财富，尤其是发展精神生活，使自己活得欢快、浪漫而多彩，活得更有意义。主体的艺术化生存和自由的实现是人类本性追求的理想目标，是人本质的规定。旅游从古往今来的劳作性旅行向文化审美性的方向发展，表明旅游主体从求生意志向求胜意志的超越。求胜意志使旅游主体追求高层次的文化审美享受和精神满足，并在此活动中不断完善旅游者的文化人格。

旅游者的文化人格是旅游者在旅游活动中，以个体人格为基础，融合异国他乡的异质文化品格后形成的一种扩展且多元整合的旅游性格特征。旅游是一种高尚的文化活动，具有塑造旅游者文化人格的功用。旅游主体文化人格的最高标准是理想人格，旅游者理想的旅游人格是可望而不可即的，其作为一个灯塔照亮旅游者人格追求的航程。浪漫主义大师庄子对旅游主体理想人格进行了憧憬和描绘，他将旅游主体自由意念的发挥推至极致，并提出了理想的旅游主体人格——“至人”“神人”“圣人”。与道家关于旅游主体的理想人格的出世倾向不同，儒家对主体的理想人格的追求是塑造道德完善的仁智之士。他们都将山水之游当作陶冶心性的途径，并将其当成最终达到圣人境界的途径。当然，旅游主体的理想人格毕竟只是一种理想，这种人格的建立必须通过旅游者一次次的旅游，将旅游作为修身养性的生活，不断地塑造自己的心性来实现。旅游主体的人格塑造包括求真、向善和审美等方面，这些都可以在或艰辛跋涉或自由浪漫的旅游活动中得到陶冶，旅游可以塑造人类求真的人格。出于不断探索的欲望，人类永远将目光投向远方，他们怀着强烈的好奇心，把每一次旅行都当成对神秘世界进行了解的过程。废墟上方的明月、残碑旁的落花，引导人们的目光穿越遗忘之丘，追溯祖先文明的进程；茅檐低舍、小桥流水，使人们的思绪沉浸于永恒的安详中，重温先民们恬淡质朴的生活。

旅游是人类跨文化交往中的学习。爱琴海几千年的哀怨传说、富士山樱花的灿烂与乞力马扎罗山下的狮群，历史之趣、自然之谜，使人类获得异质的文化，并且增长见识、增加人生的体悟。旅游还可以塑造人类的审美人格。人们通过旅游，不仅可以获得美的享受和身心的愉悦，还可获得超越本我的崇高感。当人们漫步异域他乡，不管是喧嚣的城市还是幽静的乡村，一样的阳光，一样的天空，却能让人拥有一份不一样的情怀。旅游更能塑造人的道德人格。旅游净化并充实人类的心灵，有助于形成自由、远大而高尚的理想。人们通过艰辛或欢畅的旅程，可以重新珍惜一些东西——那些平日看来习以为常，甚至理所当然的东西。只有背着沉重的行囊跋涉在不期而遇的风雨中，才知道冬日围炉的温馨；只有饥肠辘辘啃着干硬的面包，才会想起家常便饭的香甜；只有面对困难孑然无助时，才知道亲情的可贵。此时此刻，一个会心的微笑、一声友善的问候，都会使人油然而生感激之情。

今天，旅游所蕴含的文化禀赋正反映了当代旅游活动和观念由物质本位向人性本位的转移。这也是旅游文化总体上发展和成熟的必然趋势。随着这种转移，当代和未来的旅游活动将会越来越多地关注一些昔日不曾或较少为人们所关注的目的地，即那些普通的、平凡的在异国生活的他乡人的日常生活场景。然而，正是在这种对过往的自然和人文的生活的充分关怀和细腻体察中，那些过往的境遇才会重新充满现实的情怀和切肤的温暖。只有这样，旅游作为文化的历险才能从一种休闲的方式上升为生命存在的方式，而此时生命存在的方式才能真正进入完善、完美的境界。

（七）旅游主体在旅游活动中的文化角色

旅游活动不是一种单纯的物理运动或生理需要，而是一种具有复杂心理和多向交流过程的文化运动。

1. 旅游主体是文化的需求者

（1）旅游主体的文化需求是人类自身的一种发展需求

旅游活动与人类其他认识活动和实践相同，都是人类的需要。但是，与人类的一般自下而上的需求不同，这是人类自身一种发展的需求。虽然旅游活动也包含吃、住、行、购等人类共有的生活现象，但是它们不同于人类自古以来就有的衣食住行。从旅游文化学的角度说，前者是人类在解决生存、温饱之后更高的发展需求（多为精神需求），是为了追求更有价值的生命意义，而后者则是为满足人类自下而上的需要；前者注重生活和生命的质量，后者注重生活和生命的数量；前者是发展、丰富生活和生命的手段，后者则是维持、延长生活和生命的手段。

旅游活动对于人类来说，无疑属于一种发展的需要。如果说单从人们一般的自下而上的需要来说，解决起码的衣食住行或追求更好的衣食住行是社会发展的一般规律。但是从旅游文化学的角度来说，这并不一定符合旅游者的需求。例如，居住在洋房里的欧美旅游主体想要住一住北京的四合院或云南的傣族山寨，这一行为显然不是出于生存的需要，而是为了满足体验异域生存方式的心理需要，具有浓厚的人文色彩。

（2）旅游主体的文化需求包含物质需求和精神需求

旅游主体的文化需求是多种多样的，但归纳起来不外乎是物质需求和精神需求两大类。应该说，旅游主体的文化需求是以精神需求为主的，至少是在物质需求中伴随着强烈的精神需求，或者说，旅游主体的文化需求主要体现在物质需求满足之后的精神需求上。因此，旅游主体的旅游活动实际上是一种心理和情感体验。例如，许多旅游者到了长沙，总是要去火宫殿吃一次著名的“油炸臭豆腐”。“吃”是一种物质性需求，但旅游者在吃“油炸臭豆腐”时，绝不是将此作为维持生存的手段，而是作为一种文化现象来看待。

2. 旅游主体是文化的传播者

（1）文化传播的内容

旅游主体对某一异己文化的认知、体验及其对旅游地居民的影响，构成了旅游活动中的文化传播过程。

①归向文化传播。归向文化传播是指旅游主体从旅游地归来后，根据自己对旅游地文化的认知、体验而向他人或社会转述而形成的文化传播。这一传播具有如下几个方面的特征。

第一，传播的有意性。

这是旅游主体对自己的经历和对旅游地风土人情的转述、回忆而主动进行的文化传播。西方学者罗伯特·麦金托什曾经认为，许多人的旅游动机往往来自旅游主体归来后的炫耀，而炫耀内容本身就是一种有意的文化传播。这种文化可以说是被旅游主体“有意带回来的文化”。在交通不是很畅通、住宿业不发达的中世纪以前，这种文化传播方式是当时地域之间、国家之间最主要的文化传播方式。如《马可波罗游记》就是当时西方了解东方文化的主要依据，马可·波罗对自己的旅游经历的回忆和体验就是对东方文化的有意传播。因此，从此意义上说，所有的旅行者或多或少都是文化的有意传播者，他们“带回了文化”。①

第二，传播的局限性。

由于旅游者的个人视角、感受程度、文化素质等因素的影响，加之旅游业的引导等因素的作用，这种归向文化传播具有某种限定性。即旅游者“带回来的文

① 龚鹏．旅游文化[M]．北京：北京理工大学出版社，2016．

化”不是整体的而是局部的，不是客观化的而是主观化的。所以这种文化传播往往有明显的局限甚至变形。

②来向文化传播。来向文化传播是指旅游地居住者对前来游览、观光的旅游主体所表现出来的文化意义的认同和理解。这一文化传播具有如下特征。

一是传播的无意性。除了那些宗教旅游者和其他负有特殊任务的旅游者外，来向文化传播多是无意性的。因为旅游者文化对旅游居住者文化的影响往往是潜移默化的。

二是传播的示范性。旅游主体文化往往对旅游居住者具有示范性影响，后者对前者的“察言观色”的效仿，构成了来向文化的传播。它主要表现在居住者中青年一代对旅游者的服饰、姿态等外在行为的模仿。例如，牛仔裤在我国最早就是在旅游地和开放城市中流行起来的。随着时间的推移和开放程度的深化，居住者与旅游者在外在服饰等方面的差异也越来越小。

（2）文化传播的影响

①积极影响。第一，以旅游主体为媒介，地域、民族、国家的文化交流得到了促进，有助于人类文化一体化的完成。近代以前，旅游是传播知识和新发明并获得其他国家情报的主要途径之一。可以说，旅游者的流动自古以来就对人类文化的交流起着巨大的作用。公元前 139 年，张骞出使西域，开辟了“丝绸之路”，加强了西汉与西域少数民族地区及中亚各国的联系，促进了各民族之间的文化交流。意大利传教士利马窦于 16 世纪来中国传教的同时，还热心传播西方的科学，研究中国的学术，他与中国官员兼学者徐光启合作翻译了中国第一部《几何原本》，成为东西方文化交流的友好使者。可见，旅游活动就是一种文化交流活动，旅游者本身就是文化交流的媒介。

第二，在来向文化传播中，旅游主体文化的积极影响不限于居住生活，它对旅游主体即文化资源本身也构成重要影响。许多旅游文化资源都是通过旅游者的不断体验而被发掘并增值的，也就是说，某些旅游文化资源的价值存在于旅游者的事后体验之中。

②消极影响。旅游主体文化在对旅游地文化产生积极作用的同时，也必然会产生一些消极影响。这一消极影响被称为旅游的“文化污染”，即随着旅游业的发展，不同旅游者的介入给旅游地造成的物质破坏和对社会文化的消极影响。当然与旅游者积极性文化影响相比，这种消极性影响一般来说是次要的。旅游主体文化传播的消极影响或者说旅游的“文化污染”大致有以下四个方面。

第一，旅游地生态环境的破坏。由于旅游主体的大量进入，特别是一些低素质旅游主体不注重对环境的保护，产生了许多对自然生态环境具有极大破坏作用的“生活垃圾”，严重的污染及破坏了旅游地的生态环境。

第二，具体的文化破坏。旅游主体文化的产生来自对人生阅历的总结，因此，强化自己经历的想法在旅游的行为中表现得十分突出。如果旅游者的素质不高，则这一个体便可能以种种不正常乃至丑恶的方式表现出来，从而对旅游地构成具体的破坏。其中最典型的便是在旅游地到处写字或涂画，如“×× 到此一游”等。就旅游主体乱写乱画行为来说，无疑是对旅游资源的破坏。

第三，旅游主体的求奇、求新心理刺激了旅游地的“文化赝品”的盛行。每个国家和地区都有与众不同的地方。文化特色越突出、越鲜明的地方对旅游主体越有吸引力。为了吸引旅游者，一些旅游地便大肆制造“文化赝品”。有些地方以保持和恢复传统文化的原本样貌为名义，不顾当地文明、文化的事实和现实发展状态，硬是保留甚至制造出一些原始部落，还煞有介事的标上正宗传统文化的标签，冠以人类学的活博物馆的美名以供观赏。有些地方还进行一些色情表演或服务。旅游活动的最终意义是一种文化活动，如果把“赝品”或者低俗的东西作为一种不加注明的“真实信息”提供给旅游者，那就违背这一终极意义了。

第四，旅游主体文化与居住者文化的差异造成了旅游地的文化失衡和社会的波动。现代旅游者大多数有一种返璞归真的欲望。相对而言，那种自然、古朴的环境多存在于现代化不充分或经济欠发达的国家和地区。所以在很多时候，旅游者与居住者之间往往呈现出较大的文化差异。当然这种差异不仅仅体现在地域和环境上的差异，还表现为两种不同文化素质之间的差异，如价值观、生活习性、情感方式等。这种反差并非经济上的，而主要是文化心理上的。从旅游地的整个社会构成来看，旅游者文化冲击了旅游地居住者之间的人际关系，许多人是不愿意接受这种改变的。

第三节 旅游介体文化的基本概念

一、旅游介体的概念

旅游介体是旅游中介体的简称，是指人类进行旅游活动所依托或凭借的全部中介体。它包括旅游者进行旅游活动所依靠的旅行社、旅游交通、旅游饭店、旅游商贸、旅游景区经营服务等旅游企业以及为旅游服务的各级旅游管理机构、传媒信息机构、人力资源服务机构及旅游行业协会等所共同构成的旅游业，同时也牵涉到不以游客为主要服务对象，但都与旅游活动息息相关的其他旅游相关行业与机构，如餐饮业、商业、娱乐业、演艺业、通信业、金融保险业等相关行业和公安、海关、医疗、卫生、防疫等相关管理服务机构，即泛旅游业的范畴。

二、旅游介体文化的概念及其相关内容简介

（一）旅游介体文化的概念

旅游介体文化是指所有旅游中介体在参与各种旅游活动中所形成和积累的全部物质和精神的文化集合。

中国旅游介体文化则是泛指各种旅游中介体在中国旅游活动中发生和涉及的旅游文化现象和关系的集合，包括了这些旅游介体在旅游实践活动中形成和积聚的物质文化与精神文化的总和。

与旅游主体文化作为旅游活动的核心与重心进而处于整个旅游活动的中心位置相对应，旅游介体文化处在联结旅游主体与客体的中间位置，同样面广量大。它既贯穿于旅游活动的全过程，又牵涉着旅游活动的物质、制度、精神等多个文化层次。只不过旅游介体文化状态的侧重面与旅游主体文化和客体文化的文化状态的侧重面有明显的差别。旅游主体文化主要属于无形文化，侧重于精神观念状态；而旅游客体在物质与非物质状态中主要侧重于物质化状态；旅游介体文化则产生于主客体旅游需求与旅游目的物的联系中，侧重点由物质状态为主朝着物质权重逐步减弱转变，精神权重逐步增强的方向渐变的趋势。旅游介体文化在中国旅游文化中的突出地位逐渐强势，愈益为各界所重视。

旅游介体位于旅游主体和旅游客体的联结处，又存在于旅游活动的整个过程中，它是旅游主体的旅游需求与旅游客体这一目的物之间必不可少的桥梁，其构成是一片广阔的中间地带，实际涵盖了整个泛义的旅游业。当然，旅游介体文化可以理解为旅行社、饭店、景点三大支柱行业，以及相对直接的旅游管理、旅游服务及旅游人力资源机构共同组成的狭义的旅游业。而在文化的立体层面中，旅游介体文化又在物质、行为、精神三个不同界面以各旅游行业的设施工具为物质基础，以各种各样的服务管理到规章制度为行为的主要内容，并提升到经营理念，企业文化，直至思想观念、精神文化。从表到里，有着逐步递次深入的体现。

（二）旅游介体文化的构成

旅游介体文化构成的实质是向我们展示了现代旅游业的轮廓，为了满足旅游者的需要，为了旅游者达到旅游目的，赢得旅游者满意的一切设施、设备、工具、经营服务管理、机构制度，直至社会政治经济环境，其中所涉及的人、财、物共同构成了旅游的介体，这也就是我们通常提及的整个广义旅游业相关产业及周边环境。

联合国的《暂行中心产品分类》中的旅游相关服务在此分类中名列第九类，其中旅游介体又分成 A、B、C、D 四个部分。

A 指的是旅馆与餐旅（包括餐饮业）。

B 指的是旅行代理商和旅游经营商服务。

C 指的是旅游导游服务。

D 指的是其他方面。

作为一般服务活动组成部分的旅游活动，最主要的是交通服务，也包括某些商业服务，分销服务和娱乐、文化、体育服务等通常被置于一般服务类型中。

世界贸易组织《服务贸易总协定》中，根据《联合国中心产品分类系统》将旅游业作为其十二大类中的一大类，称为“旅游及相关服务”，并将其分为 A、B、C、D 四个部分，与联合国的产品分类是基本相似的。根据世界旅游组织《旅游活动国际标准分类》草案（SICTA），世界贸易组织服务贸易理事会秘书处发布的一个名为《旅游相关服务的分类》的文件，包含对核心的旅游活动解释性目录，提出了大约 70 个与提供旅游服务有关的特定活动。另外还有 70 种活动至少部分与旅游服务的提供有关。此文件对《暂行中心产品》分类的归属是由世界旅游组织确定的，在此文献中还根据世界旅游组织的限定，指出了世界范围内旅游支出的主要项目是住宿、餐饮、地方交通、娱乐和购物。①

综上所述，根据联合国的《国际标准产业分类》，对旅游业务部门的分析认为，旅游业主要由三部分构成，即旅行社、交通客运部门和以饭店为代表的住宿业部门。属于这三个部门的企业因而也成为三种类型的旅游企业，因主要业务或产品大体相同，旅行社、旅游交通业和住宿业成为旅游业的三个主要组成部分，常被称为旅游业的三大支柱行业。

在泛义的旅游中，有不少业种虽然与旅游业有很密切的关系，但只是间接服务于旅游活动，这些业种还承担着其他的社会职能，并发挥其应有的作用。同理，

① 都大明，金守郡．中国旅游文化[M]．上海：上海交通大学出版社，2012．

商品零售业在提供旅游商品方面，金融机构在提供货币兑换、经营结算上，邮政电信部门在保障游客的信息沟通方面都起着不可替代的作用，也都担负着更多的社会职能，在旅游行业外发挥着更大的作用，因而这些行业都只能称为旅游相关行业，这些产业中主要为旅游业提供服务的从业人员，也就称为旅游业间接从业人员。

目前，中国旅游业的构成有着多年来连续的统一内容，大体上划分为旅游服务经营单位、旅游相关服务机构和旅游服务管理部门三大部分。按照惯例，文化和旅游部对旅游经营服务单位中旅游住宿设施（包括星级饭店、社会旅馆、个体旅馆），旅行社和旅游车船公司等企事业单位的产业规模，经营业绩及从业人员每年都有统计分析并加以公布。

（三）旅游介体文化的三个界面

旅游介体文化主要是在帮助旅游主体成功达到旅游目的中显现出来，其核心内容即服务。不论是旅游产品的设计、制作、宣传推介，旅游设施的策划、修建、经营管理，还是旅游环境的营造、治理、改善、保护，以及旅游人才资源的培育养成、训练提高，无不是服务于旅游者，使旅游者高兴而来，满意而归。旅游产品、设施、环境、人才，集中代表了旅游介体的主要方面，也集中体现了从物质到精神的文化内涵。因为旅游本质上具有文化活动性质，旅游介体以各旅游行业的设施器具为物质基础，以各种服务行为为主要内容，联系到规章制度、经营理念、管理模式、运营机制、企业文化，直至思想观念、精神文化，基本上反映了旅游介体文化在旅游文化的立体层面中，在物质文化、行为文化、精神文化三个不同界面递次深入。在三种不同层次的文化中，旅游服务文化可谓旅游行为文化的典型代表，正是旅游服务者凭借各种服务设施、工具，在旅游者的旅游活动中与旅游者共同上演了这一幕幕极其生动的情景，不断创造着旅游文化，也形成和积累了旅游介体自身的物质文化和精神文化，尤其是旅游服务文化、经营文化、企业文化、制度文化。

（四）旅游介体文化的双重角色

旅游介体处在旅游主体和旅游客体的中间，起着主客体之间的媒介作用，在很大程度上受制于主体和客体的状况。随着旅游主体需求的变化和旅游客体内容的转换，旅游介体这一中介体还会同时扮演介体之外的第二角色，即兼有旅游主体或旅游客体的成分，这就是旅游介体的双重角色。

导游是旅游介体中颇有代表性的一个双重角色，每个导游在一个景区的游览是重复的，主要的职能是陪同、导向、解说，并提供相关服务。导游也会有在一个景区的第一次游览，或者跟着有经验的导游游览学习，这是见习性质的游览，会有游览的感受。因为没有具体的服务任务，此时，游览的切身感受往往还是主要的。此后，若干次在同一景点进行导游服务，虽然绝大部分工作内容是在为游客服务，可是这一景点肯定会使导游自觉或不自觉地产生故地重游之感，或感觉到景点的改变，或感受到岁月时光的变化，或感觉到场景气氛的变化，还有自己生理心理状况的不同以及审美情感的差异与积淀，这些都证明每一次的导游身份其实都还兼有着游客的身份，只是以导游为主罢了。可以说，所有导游实际上都既是旅游介体，又兼有旅游主体的性质。更有一些特殊的导游，包括相当数量的优秀导游，其中绝大部分固定景区的导游与这些景区朝夕相处，已经几乎与景区融为一体，如南岳衡山的住持和尚就是南岳景区的首席导游，他对衡山景区可谓情深意切、了如指掌，尤其对于南岳佛教禅宗深有研究。这样的导游就既是介体，还兼为主体，可谓兼有了旅游客体的性质。

当然，最具普遍意义的双重角色主要是同时兼有旅游介体和旅游客体两种性质，较多地体现在旅游交通和旅游饭店的设施和服务中。诸多特色旅游交通工具，如传统的滑竿、轿子、马车、羊皮筏、雪橇等，这些旅游介体就都是很有吸引力的旅游客体；而现代的旅游交通工具，如奥丽安娜号豪华游轮、上海磁悬浮列车本身也都是旅游景点。

至于各类特色食宿、康乐设施及其服务，就更是旅游介体和旅游客体的结合物了。广东的御温泉、黄山的温泉浴室等都是以康体功能为主的旅游介体，随着人们康乐旅游日渐兴起，其自然也就结合了旅游介体文化和旅游客体文化。

（五）旅游介体文化中的旅行社

旅行社在整个旅游行业的三大支柱产业中处于主导的地位，是旅游介体文化十分重要的组成部分。在整个旅游介体文化中，旅行社的文化功能主要体现在三个方面，即旅游活动的主要组织者、旅游产品的重要策划者和旅游文化的积极传播者。

1. 旅行社是旅游活动的主要组织者

旅行社的性质确立了其作为旅游者的重要组织者的地位与作用，现代旅游业最主要的标志就是旅行社的出现与发展。

旅行社为旅游者代办出入境和签证手续，招待、接待旅游者，为旅游者安排食宿等有偿服务，实际上起到了联系游客和旅游供给者之间的桥梁作用，这是一种名副其实的完整意义的中介，这种中介起到了直接或间接地把游客联结起来的作用，也就使旅行社客观地成为旅游活动的主要组织者。

旅行社的旅游组织业务是通过直接与间接两种方式进行的。直接组织主要指的是旅游团队和旅游散客，这是由旅行社完全或主要负责的旅游活动，旅行社在旅游团队中是责无旁贷的组织者，在旅游散客中也是首要的组织者；间接组织是指旅行社办理非团队旅游活动的各类旅行业务，如旅行社提供大量的旅游咨询、订票等专项服务或会议奖励旅游和展览等综合服务。将直接、间接两方面结合起来，可以说旅行社是旅游活动业务的主要组织者。旅行社中的计调与导游则分别在旅游活动的计划组织与具体实施过程中进行着各自的组织工作。

2. 旅行社是旅游产品的重要策划者

旅行社还是旅游产品的设计者和加工者，而且是旅游产品的重要策划者。旅行社提供的旅游产品除了预订酒店、机票、代办签证等各项服务外，更主要的是指旅游者参加旅行社组织的从离开客源地或居住地开始，到结束旅程返回出发地的一系列综合性的整体服务项目，如团体、散客、半包价、小包价、零包价旅游和组合旅游等，一项新的旅游产品问世可能使潜在的旅游需求变为现实的旅游需求，旅行社在旅游主体 - 游客和旅游客体 - 旅游资源之间的介体作用正是在旅游产品的立意设计、开发创新和不断完善之中得以实现的，从而真正发挥其在旅游中的纽带和桥梁作用。所有这些旅游产品实际上都是在给游客提供一种文化经历，好的旅游产品往往在本质上体现了以旅行社为代表的旅游介体文化的价值。

很多名胜古迹是由旅行社开发成旅游产品，从而成了深受游客喜爱的旅游项目。

3. 旅行社是旅游文化的积极传播者

在各类旅游业务机构中，旅行社是旅游信息最积极的发布者，也是旅游文化的积极传播者，这是由旅行社在旅游活动中的媒介地位和推介作用所决定的。

提供咨询服务是旅行社的主要工作，旅行社不仅在旅游活动中作旅游宣传，更通过报刊、中介、电视各种宣传媒体以无偿提供信息的形式发布各种旅游资料以及举办专门的推介活动，最大限度地招徕旅游消费者。旅行社应不断推出旅游产品、精品，创造旅游品牌项目。

（六）旅游介体文化中的饭店文化

住宿业习惯上称为饭店业。

中国饭店业的发展与亚洲旅游业的发展是同步的，迅速发展的原因也大致相似，除了亚洲经济的持续发展和认真学习西方发达国家科学管理酒店的先进经验以外，东方文化中的人文服务与管理也起了巨大的作用。可以说，现在的中国饭店进入了塑造饭店文化阶段。

饭店文化主要由经营文化、服务文化、情感文化构成，又表现为饭店企业文化，这主要是由饭店产品特点决定的。一般生产性企业产品消费者只与产品直接发生关系，不直接与生产商品的人发生关系。而饭店产品的生产过程是人与人交往的过程，是饭店员工为客人服务的过程。饭店产品的质量是靠提供能满足客人物质和精神需求的客房、餐饮、娱乐等服务的质量和员工的服务质量来保证的。因此，饭店服务人员的价值观、服务理念、素质和服务水平直接决定着饭店产品的质量。饭店产品要满足客人物质和精神两个方面的需求，必须经过员工“宾客第一”的服务理念和热情周到的行动才能实现。饭店消费更多的是一种体验式消费，不论是商务客人，还是旅游客人，其每到一地，每住一家饭店，都期望感受到一种异地的风土人情和特色服务，满足自己心理的体验。这种体验的满足，一方面来自饭店的建筑、装饰、设施的个性化，另一方面来自饭店的文化氛围和服务人员的素质，其中更多体现在对人的服务上。

中国饭店在经营文化、服务文化和情感文化上继承发扬了中华优秀传统文化，认真学习西方饭店服务文化和管理文化的精华，并努力创造着中国自己的饭店文化。

第二章　文旅融合的理论知识

本章的主要内容是文旅融合的理论知识，分别从三个方面进行相关论述，依次是文旅融合的基本概念、核心理论、市场动力机制。

第一节　文旅融合的基本概念

一、文旅融合的内涵

文旅融合简言之是文化产业与旅游产业的相互补充、相互渗透、相互促进，进而合为一体，旅游是文化的具体体现方式，文化引领旅游纵深延展的不断交融。梳理相关的文献资料可以发现，尽管“文旅融合”近几年一直是业界讨论的热词，引发了国内外相关专家学者的关注与思考，并且国内大量的学者对文旅融合进行了深入的研究，但目前对“文旅融合”概念的界定仍然没有达成共识。主要原因是文化产业和旅游产业的边界概念模糊，不够明确，存在争议，且两大产业自身就没有明确的定义。

梳理国内对文旅融合的概念研究发现，有学者认为，产业融合是指不相同的产业之间相互影响、渗透形成新的产业形态的过程。在此基础上，相关研究人员形成了较为完整的文旅融合概念——通过文化产业和旅游产业两大产业间的互补和延伸，从而形成文化旅游形式的新产业业态和产品形态，实现文化产业和旅游产业的相互交融。

文化融合是指在民族传统文化的基础上文化之间的相互交流，通过有选择性地吸纳外来文化并消化外来文化，以促进自身发展的过程。文化既具有民族性又具有时代性。民族文化既不能排斥外来文化，也不能全盘外化，对外来文化的吸纳应遵循“去其糟粕，取其精华”的原则。中文文化融合的核心在于“文化的整合”，这是一个通过调适和整合使不同文化元素融为一体的过程。同时，这个过程也涉及文化之间的接触、碰撞和筛选，这些都是文化融合的重要组成部分。

在文化融合中，首先，文化融合的前提是两种文化由传播而发生的接触。其次，两种文化接触后必然发生撞击，在撞击过程中适度选择对方的精华，揭示每种文化都具有顽强表现自己和排斥他种文化的特性，即选优汰劣。最后，当不同文化之间进行交流和互动，吸收、调整和融合优秀的文化元素后，可能会形成一种全新的独特文化体系。文化交流是不同文化相互沟通与交流的过程，这一过程为文化的融合与演变提供了条件。比如，现代美国文化是由众多地区文化互相融合而成的产物。当两种文化互相交流并相互融合时，传统文化可能会逐渐发生改变或消失，从而诞生出一种新的文化体系。

二、文旅融合的特点

经过数十年的发展，当前我国的文旅融合态势相对较好，总体上呈现出蓬勃发展的趋势，概括而言，我国的文旅融合有以下特点。

（一）文旅项目的投资主体趋于多元化

近年来，我国的旅游业发展态势良好，再加上我国出台了各种有助于文化产业与旅游产业发展的政策，文旅投资成了社会的投资热点，吸引了各种投资主体。就当前而言，文旅投资的主体主要有五种，具体如图 2-1-1 所示。

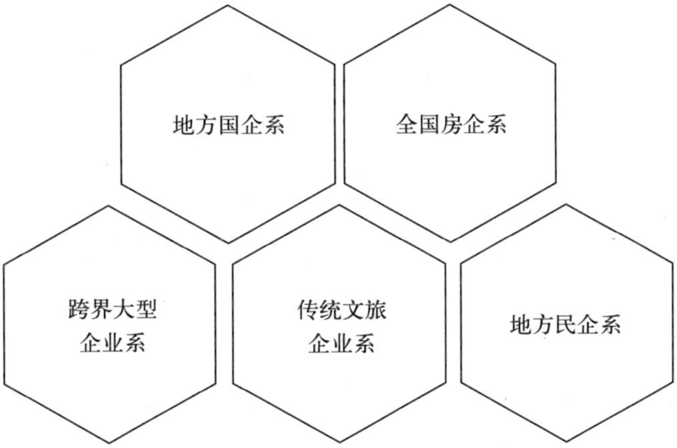

图 2-1-1　文旅项目投资的主体

这五个主体在文旅产品投资与开发过程中的方向是不同的。以下对这五个主体进行简要分析。

1. 地方国企系

地方国企系投资主体的优势是在资源统筹方面表现相对较好，且很容易获得融资，不足之处是其运营管理思路不佳，缺少专业化和市场化的思维。当前，我国有许多省市明确指出，要将旅游产业打造成为推动经济发展的战略性支柱产业，为了完成这一目标，省级、市级旅游投资公司不断成立。这些省级、市级旅游公司成立之后，使用多种方式来整合地方的优质旅游资源，打造优势景区，提升旅游服务质量，从而实现本地旅游产业的快速发展。这一做法有效实现了当地旅游资源与融资的统筹与整合，将过去单一的、分散的景点进行了整体的规划，使之成为一个整体，这对当地旅游的整体发展是十分有益的。但是地方国企缺少专业化、市场化的理论和思维，由此也就无法形成市场化的消费业态，这是其需要注意的短板。

2. 全国房企系

由于文旅产业发展态势良好，再加上国家政策的支持，文旅产业成了重要的经济增长点，许多房企十分看好文旅产业的发展，并着手投资文旅产业。

由于不同房企的产品理念和资源等不同，因此，各大房企所投资的文旅项目的类型也是丰富多样的。大型房企的资金实力是非常雄厚的，具有丰富的土地开发经验和景观设计的良好基础，营销能力也很强，它们投资文旅产业，一方面能够与政府资源方等做好对接，促进文旅项目在全国范围内的签约；另一方面能够通过投资参股或内部培训的方式构建文旅业态内容体系。需要注意的是，大部分房企营收仍然是以房地产售卖为主，文旅产业营收占比很小，其原因是它们缺少对文化旅游产业经营与管理的经验，运营能力有待提升。

3. 地方民企系

文旅产业的发展潜力也吸引了地方民企系的投资，当前越来越多的民企开始进行文旅产业的投资，以跟上文旅产业发展的势头，从而获益。相比较来说，地方民企在旅游投资项目上往往会深耕一个项目，而且它们也很擅长处理与当地居民的关系，这对促进当地旅游业的发展以及旅游扶贫具有积极的意义。但是由于旅游投资项目的周期相对较长，回报慢，民营企业融资成本相对较高，地方民企投资文旅项目时，很容易因资金链断裂而使项目中断。这就要求民营企业重视资金问题，多和外部投资商对接，不断拓宽融资渠道。

4. 传统文旅企业系

传统文旅企业具有多年文旅行业的投资经验，凭借自身经验与敏锐度，其可以快速准确地把握市场发展趋势以及游客喜好，从而投资运营出许多优质文旅项目。有很多优秀的文旅企业凭借多年的市场积累和经验，形成了成熟的团队，具有突出的品牌与管理输出能力。依靠运营获利的文旅项目，在前期通常要进行大量的市场考察、系统的规划与人员的培训。由此传统文旅企业的开发周期是比较长的，他们通常会先专注一个项目，市场认可这个项目之后再向其他地域扩张。

5. 跨界大型企业系

旅游产业与其他产业的融合是当前旅游发展的一个重要趋势。当前农业、工业、生态园林等许多领域的企业开始借助文旅产业来发挥自身的优势，跨界进入文旅产业，希望通过旅游业嫁接，从而形成新的增长点，如某电影公司围绕影视资源投资了电影小镇。其他行业的企业投资文旅项目，能够有效发挥多产业的协同效应，为文旅产品的发展提供资金支持。需要注意的是，文旅产品企业要实现发展必须注重体验与运营，跨界大型企业应注意旅游产品与其自身主营产品在运营方面的区别，做好旅游产品的运营与管理工作，为游客提供优质的服务。

（二）文旅项目内容建设的重要性逐渐提升

文旅项目内容建设重要性的逐步提升也是当前我国文旅融合的现状。越来越多的人认识到，文化与旅游的融合并不仅仅是两者单纯相加，对于文旅项目而言，仅仅有充足的资金支持是不够的，还需要有深厚的文化底蕴为基础。也就是说，要做好文旅项目，必须做好文化的挖掘工作，借助当地的特色文化开发出具有特色的旅游产品。要做好文旅项目内容建设，打造特色的旅游产品，需要打造具有影响力的知识产权（intellectual property，IP）品牌。通常来说，相关企业要获得文旅项目 IP 品牌，可以从两个方面入手：一是自创型 IP 项目，二是合作型 IP 项目，两者的具体阐述如下。

其一，自创型 IP 项目。旅游项目的经营管理者自己主动去挖掘当地的文化特色资源，引进专门的团队，创造开发一定的 IP 项目与活动，这便是自创型 IP 项目。

其二，合作型 IP 项目。旅游项目的投资方积极地和 IP 拥有方进行合作，将 IP 项目与产品引入到投资地区，即为 IP 合作。

（三）公共文化产品管理机构积极寻求转型发展

就当前来看，公共文化产品的市场化程度相对较低，对于公众的吸引力较小。

以美术馆、图书馆等为代表的公共文化产品管理机构为了改变现状，正在积极探索新的发展道路，希望凭借自身丰富的文化资源，同时借助文创手段开发独具特色的文旅项目，从而实现自身的良性发展。

三、文旅融合的作用

（一）利于展示传播

从物质层面而言，展示传播彰显了自然环境与文化旅游的联合，突出了那些有助于游人观光、促进推广的人文价值，例如自然美景、场地环境和历史文物遗址。文化和旅游相互融合汇集了多种资源和社会力量在特定场所进行设计、展示和塑造。在产业空间相互交织的过程中，培育了旅游的内在精神和促进了精神文明再生产。通过呈现多种文化旅游景观、物品组合摆放和人们的表演，运用文化符号的节奏和韵律，为人、景、物之间的联系提供了另一种表达和互动方式。这将对游客的感官、情感和认知产生影响，从而通过游客观看和符号展示，逐渐引发人们的共鸣，促进景观展示和文化传播的融合。

（二）丰富情感体验

在心理层面，情感的体验可以强调人们在场景仪式中的互动沉浸度，情感交流深入，能留下回味深长的印象。旅行是一种让人身心愉悦的活动，它可以促进人们之间的交流，同时也与人的情感密不可分。旅游对自然环境和人际关系产生了影响。此外，它能够满足人们日益增长的思想精神需求，并带来深入的感受。这些融合了文体演艺和节庆旅游的活动不仅汇聚了文化资源和旅游产业的要素，而且还创造了互动交流和文化传播的机会。此外，这些活动还具有增进社会交流和创造新空间的独特特质。这些活动将文艺表演与游客内心情感紧密结合，促进了主客之间的情感沟通和共鸣。游客不再被动地观看，而是积极参与，重现情感体验，从而产生交互和融合的动态氛围以及精神价值。在经济社会变迁和新兴技术广泛应用的影响下，未来的文旅行业将更加注重将文化品味、服务质量和审美体验融入产品开发中，这将成为其发展的关键所在和发展目标。

（三）促进文旅消费

从经济的角度来分析，文化和旅游融合所带来的消费被称为文旅消费。需要平衡非盈利和盈利方面的利益，以促进经济增长和文化旅游相关产业的可持续发展，实现文化旅游的互惠互利。文旅融合发展的核心就在于通过旅游产品和服务的丰富多彩，吸引游客前来消费并深入了解本土文化。具体来说，一方面是通过独特而充满内涵的文化旅游项目推动文旅消费的增长；另一方面则是通过提供个性化、多样化的旅游体验，体现传统文化的价值，从而实现文旅双赢的目标。这样，所谓“以文塑旅，以旅彰文”的理念就得到了充分体现。换句话说，通过展示迷人的景色、传达艺术美感、提供互动体验和加入文化元素，可以满足人们对美好生活的渴望，同时还能刺激消费并带来经济收益。它不仅是促进文化和旅游融合的主要支撑和增值手段，还是推进文化和旅游融合发展的关键要素。值得注意的是，随着文化旅游与经济社会的不断深入融合，人们对旅游消费的文化追求也在转变，越来越注重追求幸福和精神层面的体验和滋养。

（四）推进科技赋能

科技在文旅融合中扮演着关键角色，它赋予了我们强大的工具，可以更好地连接和协调供应方和需求方。文旅产业通过科技能够获得更多信息，并实现更高效的互动合作，这将大大促进文旅产业的转型升级和发展。同时，科技的应用也释放了文旅融合的巨大潜力，为这一领域的持续改革和创新提供了更大的空间。在实际情况中，无论是哪种类型的文化旅游，人们不仅在欣赏景观和文物，更多的是体验，以及将自己内心深处的记忆和情感联系起来。现如今，随着 VR、AR 以及 5G 等先进技术的普及，人们之间的情感联系得到了更好的加强和实现。数字技术正与文旅行业深度结合，这种趋势在近年来逐渐加强。数据已成为推动文旅业发展的重要驱动力，其作用不仅体现在产品开发和营销服务上，还通过智能化应用不断挖掘和激活沉睡的文旅资源，创造更多价值。

第二节　文旅融合的核心理论

要实现旅游业和文化产业的发展，需要找到它们的最大共同点和最好的连接点，进行深度融合，让各个领域在全链条上优势互补、协同发展，实现资源共享。这是二者发展的新优势，也是促进它们共同发展的总体思路。

一、文旅融合的层次

（一）理念融合

在促进文化和旅游深度融合进而实现真正的融合过程中，应将理念融合置于至关重要的位置，认真有序地促进文旅融合发展，确保行动顺利落实。

1. 以文促旅的理念

旅游活动与文化的生产、传播及消费息息相关。文化资源是旅游业的关键竞争力，彰显着旅游活动所需的文化需求，提升旅游产品品质的关键之道则在于文化创意的拓展。通过加强思想道德教育，有效地利用文化资源，将文化创意融入旅游活动，既可以增加旅游产品的吸引力，又可以拓展旅游行业的发展空间。通过充分利用公共文化设施和加强国际文化交流的平台，可以为游客提供更加多样化和优质的体验和服务，从而促进旅游行业的推广和发展。

2. 以旅彰文的理念

旅游不仅能够推动文化的发展，还是文化传播的主要渠道，同时也是促进文化交流的重要桥梁。将旅游业的工业化和市场化优势转化为文化产品的生产和销售，不仅能够丰富文化产品的品种，还可以改进销售渠道和方式，进而促进文化产业的繁荣和文化市场的发展。通过旅游公众的多元化参与和广泛传播范围，可以增加文化产品的受众和服务的覆盖范围。这不仅有助于传播中国特色社会主义文化和弘扬社会主义核心价值观，还可以提升国家的文化软实力和扩大中华文化的影响。

3. 和合共生的理念

文化和旅游相互促进，旅游是文化宣传的有效途径，文化丰富了旅游的吸引力。文化和旅游紧密相连，相互促进，相得益彰。只有这样，我们方能发掘新的长处和成长机会，鼓励文化和创意齐头并进，助力旅游业共同提升服务品质，创造更多顶尖的文化和旅游商品，满足民众对美好生活的渴望，同时加强国家文化软实力和中华文化的全球影响。

（二）产业融合

需要积极发掘文化和旅游产业链的衔接处，利用各个环节的优势，开创全新的增长机遇。

1. 业态融合

要采取“旅游 +”和“文化 +”战略，把旅游、文化及相关产业有机地结合起来，不断创新并发展新的商业模式。加快推动“互联网 +”战略的落地，进一步促进文化、旅游和科技之间的无缝衔接与全面融合。在维护文化生态的基础上，推动全域旅游的繁荣，将非物质文化遗产项目，如表演艺术和传统工艺等，引入主要旅游景点和度假区。目前，红色旅游、文化遗产旅游、主题公园等，正在持续提升自身的品质水平。

2. 产品融合

加强对旅游资源和文化资源的勘探和发掘，并通过文化创意的支持，将更多资源转化为旅游产品。设计一系列富含文化内涵的旅游产品，将已经完备的文化创意旅游项目引入市场，供游客体验和评估。文旅企业应创建一些具有独特文化特色和丰富文化内涵的旅游胜地。我们支持建造以文化、假日闲适和健康养生为主要内容的文化旅游综合设施，增加观赏文化遗产、探索本土文化、进行学术研究等特色旅游路线和计划。

3. 大众文旅需求

我们需要创造一个可持续的旅游和文化消费生态，以满足游客和本地居民对更高质量消费的需求；需要积极培育体验化、网络化、时尚化、智能化、个性化等消费新风尚，健全行业标准及消费反馈体系。

（三）市场融合

文旅融合发展的关键在于市场充满活力、提供有效服务并且具备统一有序的特点。应该以文化市场综合执法改革为契机，将文化和旅游市场的监管工作整合起来，统一部署和推进。

1. 市场主体融合

促进文化机构与旅游企业之间的合作互动，助力文旅产业跨界发展。推动企业在文化和旅游领域实现融合，鼓励打造一批注重融合特点的领军企业，提升它们的竞争实力。优化商业环境，提升创新和企业孵化平台的服务水平，以保障文化和旅游领域中的小型和民营企业得以在优惠政策下稳步成长、融合发展。

2. 市场监管融合

要及时关注新兴业态的发展趋势，引导不同领域之间的融合，并不断更新监管理念。同时规范文化市场和旅游市场，采取各种专项整治和保障措施，设置举报投诉机制和证件管理机制，推进重大案件的评选工作。

3．执法队伍

促进文化市场的综合执法队伍的整合和组建工作。实施《关于进一步深化文化市场综合执法改革的意见》和《关于深化文化市场综合行政执法改革的指导意见》，制定文化和旅游市场执法改革的制度框架。根据中央规定的时间节点和任务要求，积极促进执法人员整合工作的快速实施。

（四）服务融合

文化和旅游领域的公共服务需要协调，注重为当地居民和游客提供服务，并兼顾多方面的效益，这是推进文旅融合发展的关键。

其一，统筹公共服务设施建设管理。推进公共文化设施和旅游景区的厕所规划、建设和管理，改善和建设一系列文化和旅游综合服务设施，并制定统一标准。

其二，统筹公共服务机构功能设置。文旅企业在进行旅游公共服务设施的改造和建设时，应该注重将地方文化元素融入其中，以展示该地区所独有的独特魅力；利用公共文化机构的平台，将文明旅游的理念和宣传广泛传播。

其三，统筹公共服务资源配置。文旅企业应加强公共服务设施在旅游景区和旅游度假区的建设，促进主客互动，创建一种互享互融的文化和旅游体验；引进书店、剧场、影院等文化设施，创设为民众提供文化和旅游服务的项目。

（五）交流融合

旅游和文化可以传播先进文化，促进不同文明相互交流和学习，同时也能促进人们之间的友谊。它们对于传播中国文化具有至关重要的作用。要实现文化和旅游的融合发展，必须在加强交流融合方面下更大的努力。

其一，工作层面。将海外的文化机构和旅游工作组织整合起来，并协调安排各种交流项目和活动，以实现最大化的文化传播和旅游推广效果。

其二，渠道方面。充分发挥美术馆、博物馆等文化机构的作用，同时利用旅游饭店、旅行社和旅游景区等旅游领域资源。鼓励导游、讲解员和游客积极参与中国文化故事的宣传和传播，成为活跃的故事讲述者和有意识的文化传播者。

其三，载体方面。借助文化和旅游领域的独特优势，宣传更多优质的旅游和精品文化产品，让它们深入普通市场并被更多的人所接受和欣赏。展示中国传统文化的魅力，同时呈现现代中国的进步成就和人民生活的丰富多彩之处。以此增强国家文化软实力和提高中华文化的影响力，为这个目标做出贡献。

二、文旅融合的维度

文旅融合体现在它们相互配合，发挥各自的功能和价值。人类所创造的文化是一项珍贵的财富，拥有非常强大的吸引力。旅游对于人类来说是一种重要的方式，可以满足他们对外部世界的好奇心，追求精神上的愉悦和文化熏陶。除了可以让旅游者在精神上得到享受和获得文化启发外，旅游还具有促进文明传播、推动文化交流、加强友谊等方面的价值。文化和旅游的繁荣与发展相互依存，二者的作用和意义紧密相连。

（一）资源维度

通过融入文化元素，旅游体验变得更加深入和更加吸引人。就资源和产品而言，文化和旅游似乎一直紧密相连，难以割舍。它们相互交织、相互渗透并且紧密结合。尽管不是所有传统文化资源都适用于旅游，但文化遗产本身具有吸引游客的特质。文化是一个广泛而完整的系统，它由多个层面构成，如哲学、宗教、艺术以及风俗等共同组成了其核心。这些内容可能缺乏吸引力，也可能不会引起普通旅游者的兴趣。吸引游客的是与旅游资源相关的具体文化产品，包括物质文化产品和非物质文化产品的实体化呈现。

一些地区因为拥有独特的文化特色和区域性的文化氛围，成了人们心中可识别的文化聚集地。这些文化细节和特征独具匠心，与游客原有的生活环境截然不同，因此具有相当大的吸引力，成了不少人的旅游目的地。博物馆作为传统的文化资源，在英国它们已经转变为备受游客欢迎的旅游景点。通过融入文化元素来丰富风景资源，从而使这些风景资源具备与其他同类资源相比较而言独特的特点，提升其展示度和识别度。这是唯一能在激烈的竞争市场中脱颖而出的方法。尽管泰山、黄山、庐山、武夷山等山岳型景区各具独特的自然美，但是它们所蕴含的文化价值却是吸引游客、推广营销的主要优势。虽然尼亚加拉大瀑布是世界上最壮观的瀑布之一，但在旅游市场上却以“蜜月之都”闻名。尼亚加拉大瀑布的核心吸引力在于其壮美景观与浪漫蜜月文化的完美结合。

在旅游过程中，游客了解旅游地的文化背景是必要的环节。在餐饮行业，服务质量至关重要。除了熟练的技术和良好的服务态度之外，文化素养也是必不可少的，需要保持最高水平。一项研究总结了旅游星级饭店的基本要求，一星级要求卫生；二星级要求亲切；三星级要求舒适；四星级要求豪华；五星级要求文化。文化是旅游服务的最高境界。餐饮行业的员工需要具备文化修养、专业技能和一定的服务水平。

就文旅高质量发展而言，现今民众对于文化和旅游的需求已经不再是简单的需求得到满足，而是转变为要求物有所值、质量卓越的需求。为了满足文化和旅游产业主要需求的变化，我们需要把注意力从追求规模转向提升产品质量和提高服务品质上来。中国虽然拥有大量的旅游资源，但仍然需要努力提升自己的旅游业水平，才能够成为真正的旅游强国。一个显而易见的难题是旅游产品的品质尚未达到高水平。全国许多景区都遭遇了同质化现象，导致运营困难。另外，景区缺乏中高端产品的供应。据学者观点，文化元素在旅游中扮演着极为重要的角色。不过要想让文化元素持续繁荣发展，游客必须得到充分的解释和恰当的展示。只有这样，旅行者才能真正领略文化的精髓，深刻感受到文化所具有的"灵魂"作用。对于休闲型游客而言，他们更愿意在文化氛围轻松的景区游览，而过于沉重的文化历史可能会给他们带来压力，不符合他们的旅游需求。旅游文化的吸引力只是部分解决了游客参与旅游活动的问题。

（二）市场维度

文旅融合意味着将产业与文旅市场进行有机结合，主要聚焦于将文化和旅游相结合，以进一步促进文化的发展并推动旅游业的发展。旅游将文化和市场有机地结合起来，让它们融为一体，让人们扩展视野，拓宽人生阅历。旅游不仅能通过传播文化、加强交流来实现各种重要目的，同时也是一种可体现市场价值、展示经济和社会效益的重要评估标准。文旅产业的融合不仅能够促进文化产业规模的扩大和层次的提升，还有助于构建现代化的文化产业体系。一旦将文化进行重新包装并引入旅游市场，它的内在意义则转化成了游客所能理解的外在意义，这样文化就开始展现出其在市场上的价值。特别是全球旅游理念深入人心，各地区都会全面推动文化旅游产品的开发，从多个方面、多个方向呈现"活着"的文化，这必将促进文化产业规模快速扩大。

在旅游市场上，常见的一个现象是，当所有文化都被展示给游客时，文化便会失去其真实面貌，蜕变成为仅仅呈现给游客观看的"表演型文化"或者"假的真文化"。

一是将游客与当地文化和居民保持独立。

二是将文化旅游与产业有机结合，可以更有效地促进传统文化的保护、传承和创新。一旦文化融入旅游市场，就需要将其从抽象、虚拟、理论的状态转化为实物、景观、具体的形式呈现出来。从以往的文化传承向现代文化体验转变，从被动接受文化转变为主动参与和享受文化。文化创意是实现这种转变的主要手段。充分发挥乡村文化的优越性，促进乡村旅游和乡村度假行业的繁荣，进而增强当地居民对故乡的热爱。通过发展红色旅游以及推进研学旅游，借助革命文化和中华传统文化两大资源，加强对优秀传统文化的挖掘、整理、推广和传承工作。

三是将文化产业与旅游产业相结合，不仅可以增添文化气息，还可以增强旅游体验，促进文化交流和融合，达到互相借鉴、共同学习的目的。

中国作为一个拥有悠久东方文明的国家，拥有着丰富的文化资源。旅游给传统文化市场带来更大的吸引力，同时也扩大了文化的受众群体，从本地居民拓展到了遍布全国乃至全世界的游客。这正是所谓的“以旅彰文”。从行业的角度来看，文化产业和旅游产业具有相互融合的特征，它们之间有着相互依存的需求和影响关系。将文化元素纳入旅游活动中，有助于丰富旅游产品的特色和质量，同时提升文化在市场竞争中的重要地位和影响力。随着机构改革的不断深入和新的文旅部门逐渐壮大，文化和旅游两个领域正在逐步整合，共同创建一个全新的文旅产业系统。

（三）行政维度

将文化和旅游相结合可以实现彼此的互惠共赢。这种结合可以保护文化遗产，同时创造旅游经济效益。地方旅游机构与其他机构之间的密切合作缘于旅游业的综合性和相互适应性。近年来，尽管各地旅游部门曾尝试与林业、农业、文化、风景园林、文物、商贸、外事、会展等部门合作，发挥旅游资源的独特价值，但却未能实现预期的效果。

在文化和旅游领域，专家们就开发风景区索道、利用资源、保护文化遗产以及历史文化的发展等问题展开了激烈的辩论和探讨。旅游专家主张文化部门在保护文物的同时，不应过于强调保护主义，应采取更加灵活多样的方式。他们认为，应用教条化的方法无法全面考虑到文物的历史价值、文化背景和当下社会需求，实现保护与利用的平衡是更为重要的目标。这种做法会导致文化成为玻璃罩中的标本，与人民产生疏离感，无法真正发挥其社会价值，阻碍了人们对文化的深入了解和切身的感受。由于技术条件有限，保护与开发之间难以实现协调，同时又不降低文物的价值。随着文化和旅游部门的整合以及保护利用技术的不断提升，人们将很容易地实现“相逢一笑”的美好愿景。

旅游部门在国家层面以独特方式实现了他们的愿景，使其从副部级晋升为正部级。这个举措将显著提升旅游行业的管理权威和部门协调能力。文化和旅游部门在省级层面的合并可以产生协同效应，使得整合后的实力比原本单独存在时更为强大。在市县级行政机构中，文化和旅游部门合并后，出现了一种行政的叠加效应。这使得原本只负责文化事务的部门正式进入了旅游这个新领域，同时也激发了他们在行政方面更积极的态度。将文化部门与旅游部门进行整合，会产生一系列正面影响，主要包括：实现文化和旅游政策的有机结合，提高人民群众的参与感，进一步拓展幸福产业的范围。可以通过将文化用地政策和旅游用地政策相互融合使文旅项目用地得到更有效的保障。通过文化和旅游资源整合，结合市场推广，如文旅招商、政府营销，可形成全新的良性互动模式，并产生更强大的协同效应。设立一个文化市场综合执法团队，将既有的文化市场执法和旅游市场监管整合起来，以便行使文化、文物、出版、广播电视、电影、旅游市场等方面的行政执法职责。

即便将文化部门和旅游部门合并，也并不意味着文化和旅游产业会自然融合。文化这个概念并不是一个非常清晰明确的概念，因此在文化管理部门与文化本身之间存在许多差异。文化领域不仅包括图书馆、文化馆、艺术馆、博物馆等机构，还涉及哲学、政治、制度、精神和价值观等多个方面，这些需要在多个部门之间进行宣传、协调和管理。为了更好地推进这项工作，各级政府需要加强协作和管理，与发改、城乡建设、农业农村、民族宗教、广电体育等部门紧密合作。

虽然将文化和旅游部门合并会产生一些正面影响，但它也可能产生不利影响。尽管在机构改革之前，文化部门和旅游部门存在争议的焦点在于保护与利用，但两个部门都高度重视自己的任务。只是因为它们拥有不同的工作职责，因此它们在工作重点方面存在差异。在机构改革后，保护和利用工作被整合到同一政府行政机关，这使得原本的“门外之争”变成了“门内之争”。因此，局势的紧张和冲突会不可避免地加剧。因此，我们需特别关注如何在机构改革之后平衡保护和利用之间的关系。

（四）人才维度

文旅融合需要实现供给和需求的充分对接。在旅游和文化融合发展以及文化旅游产业的可持续高质量发展过程中，首要任务是培养和造就一支高水平的文化旅游人才队伍。现如今，旅游行业仍然面临着人才匮乏的严峻形势，主要突显在以下两个方面：首先，旅游管理专业的毕业生纷纷外流，旅游企业无法留住人才已经成为业内的普遍共识。其次，新兴的旅游业态，如民宿、特色小镇、乡村旅游等呈现迅速发展之势，因此，对于旅游经营管理方面的人才需求也随之大幅上涨。

这个现象的主要原因可以归结为两点：第一，旅游业的职业地位长期以来一直处于一个不明确、尴尬的境地。随着旅游业规模的持续扩大，旅游业正逐渐成为重要的产业之一，然而，就业者在该行业的职业地位却在迅速降低，旅游从业者的吸引力也不断下滑。第二，旅游学科的定位让人感到困惑。随着 20 世纪 80 年代旅游业的高速发展，其对于人才的需求变得刻不容缓。许多地区的高校迅速开设了大量旅游专业，并成立了相应的学院和系。由于旅游行业所需人才较为缺乏，学校只能从其他相关学科教师转换来授课。长期以来，旅游学术研究在整合和融合方面存在一定的不足，缺乏系统性和整体性。因而，有关旅游学科的学术、知识和人才培养的体系一直缺乏规范。文化产业、文化创意等领域的专业在大多数高校中并不普遍，这主要由以下三个因素造成。

第一，国家学科分类标准中并未涵盖文化学科，因此一些高校不得不将此类专业划分到艺术或管理学领域，使得文化学科的地位相当尴尬。

第二，必须拥有卓越的教师团队，因为一门二级学科很难单凭自身实力组建出横跨艺术设计、文化鉴赏等多学科的专业教学团队。

第三，学生就业方向不明确，导致文化类专业毕业生面临就业困难的问题。虽然这些学生知识广泛，但专业技能不足，难以适应职业要求。

随着国家对文化产业增加投入支持，这一领域的规模和对人才的需求不断扩大。然而，由于人才供应不足，文化产业可以通过与旅游业相结合的方式来缓解这个问题。将文化旅游管理结合起来，创设一个文化旅游学科，可以为探究具有中国特色的学术领域提供独特的见解和贡献。可以预料到，文化和旅游的融合将彻底改变培养新型人才的方式。这将促进文旅学科的新兴发展，并迈入快速发展的阶段。通过文旅部门、高等院校和文旅企业的协同努力，中国文旅专业人才培养体系面对的棘手问题或将迎刃而解，届时必将涌现更多杰出的文旅人才。

三、文化产业与旅游产业的融合

文化产业和旅游产业本质就是彼此相互联系和依存的，这是它们本身所固有的属性和特点。文化产业和旅游产业具有经济和文化的双重属性，是包含多种产业要素的复合型产业。因此，它们可以实现相互融合发展，从而实现双方的互惠互利。文化产业和旅游业相互促进，彼此之间具有互补性。文旅融合发展是促进文化和旅游产业升级转型、推动新兴产业发展、激发企业创新活力以及满足高品质文化消费需求的重要途径。

（一）以理念融合为基础

要实现文化和旅游的有机融合，需要更深层次的结合和相互渗透。这并不仅仅意味着在旅游活动中添加单纯的文化元素，也不是简单地将文化资源转化为旅游产业。它体现的是发展的思维和理念，而非产业之间的消融或竞争，以实现共同发展。“文化 +”“旅游 +”“互联网 +”着重强调产业之间的互相受益和共同发展，文旅融合的基础在于对融合发展意识的思考和理解。需要明确文化和旅游的融合不是简单的组合，而是建立在深刻的理念和思维基础上的。

（二）以资源融合为抓手

文化旅游的重点在于发掘文化资源的独特和真实之处。将文化旅游资源充分挖掘，可以将其转化为有长远潜力和优势的珍贵财富。另外，将文化资源转化为产业和商业价值，使其成为可感知和体验的文化财富，这可以促进实现“旅游产业的文化化”和“文化产业的旅游化”的目标。因此，我们应主动探索如何利用互联网信息和融媒体传播技术，挖掘文化旅游资源的潜在价值，以促进高品质文化旅游资源的保护和有效利用。发掘现有资源的潜能，将其优势转化为产业上的竞争优势，以推进经济发展、增加收益。

（三）以产业融合为核心

要实现产业融合，必须将多个产业的供应链与价值链紧密地融合在一起。文化和旅游领域的产业发展依据各自的规律和逻辑，存在着不同的模式和方式。推动文化产业和旅游产业相互促进、互补发展，实现两个产业价值链的融合，从而充分发挥它们在产业和整个社会经济方面的协同效应。为了促进文化和旅游产业与其他相关产业深度融合，需要关注新兴业态的培育和发展，并将其发展为推动经济社会可持续发展的重要力量。

（四）以科技融合为动力

在技术融合不断发展的背景下，产业融合创新得以实现。这种融合为产业创新提供了全新的发展机遇。随着 5G 时代的到来，科技与文化旅游的结合愈加紧密，带来了重大的影响。这种融合推动了文化旅游的多方面进步，例如市场拓展、活动策划、旅游产品创新和环保建设等，还为产业带来了新的增长点和提升效益的机会。随着数字经济的迅速崛起，各个领域都开始积极运用人工智能、物联网、云计算、虚拟现实等多种尖端技术。科技的不断进步会彻底改变人们对于文化和旅游的感受和体验方式，同时也会促进文化和旅游之间的深度融合。

四、文旅融合需要关注的问题

文化旅游业有望成为我国主要经济支柱之一，为经济发展提供重要支持。由于人民对提高生活品质的需求不断增加，中国经济正在进入一个从快速增长发展向注重高品质发展的转型时期。在促进文化和旅游相互融合的进程中，需要注意以下几个方面。

（一）推进职责整合，形成协同机制

强化职能协调，确保各项职责得到有效落实。越来越多的国家政府致力于将旅游业与文化事业相互融合，通过调整政府管理机构等措施来促进它们的共同发展。尽管行政机构的调整已经进行，但这并不表示整合机制的任务已经完成。实际上，要确保各个部门在履行职责时充分考虑到产业发展的需求。需要在文化和旅游行业之间建立密切联系，设立相应内部机构并建立跨部门合作机制，以保证各职责得到有效执行。

（二）理顺区域政府间的协作机制

考虑到我国行政和文化的地理分布存在不一致的情况，为了实现文化和旅游的融合发展，需要加强区域间的合作和协调，制定并实施区域内的文化和旅游合作机制，以及协调各方资源、分配责任的综合机制。必须整合现有的资源并采用创新的方式进行开发，这样有助于避免过度竞争导致的同质化现象。由于《国家级文化生态保护区管理办法》和《大运河文化保护传承利用规划纲要》的颁布，人们越来越注重跨境文化旅游的合作。要达成这一目标，需要建立一个协同发展文化旅游区域的模式和路径，加强文化、组织和战略之间的协调与合作。这样可以保持文化领域和资源的完整性、长期性和独特性，形成一种互相支持、协作共赢的独特发展模式。

（三）完善统计体系，加强数据基础建设

可能需要进行更多的统计工作来全面了解文化产业和旅游产业的情况。统计

文化和旅游产业的数据是一个复杂的过程，因为它涉及产业与事业的相互关系以及多领域的交叉融合。为了准确描述该产业的状况，需要整理并改进与之相关的统计方法，以形成一份结合产业特点和发展计划的一致性统计报告。重视文化和旅游产业领域的统计工作，进一步加强该领域的统计基础建设，包括改进制度方法、提升基层数据质量，以及优化数据收集途径等措施。另外，还需创建部门协作机制，促进文化产业数据统计工作整体水平的提升。

（四）注重文化传承，满足美好生活需求

将旅游与文化紧密相连，能够有效地充分利用传统文化资源并不断进行创新传承。旅游是一种重要的文化资源传承方式，其可以使文化更形象、更生动、更有趣，从而成为重要的文化宣传和传播工具。充分挖掘本地丰富的文化资源，推动文化旅游经济的发展，有助于提高当地文化旅游业的特色和吸引力，增强产业的竞争优势，同时还能维护和传承重要的文化旅游资源。在促进文化旅游融合发展的过程中，需要对优质文化旅游资源进行全面梳理，并注意保护这些资源的真实性、完整性和活力。

同时，应秉承文化传承的理念，将文化与旅游相结合可以有力地满足人们追求美好生活的愿望。文化变革理论认为，随着社会的演变，文化也会发生变化，人们会追求审美和心理需求的满足，而不仅仅是生产和生活需求的满足。第三产业的蓬勃发展、文旅产业的兴起以及文化的传承与复兴，彼此相互促进，都可归功于文化功能的转化。

五、文旅融合的效益

随着收入水平的不断上升以及城镇化建设的进一步推进，外出旅游已不再只是为了简单地观光游览。越来越多的人开始追求品质更高的文化旅游，因为只有这样才能更好地满足他们的需求和带来更多的幸福感。如今，人们更加重视享受生活，将旅途的品质作为衡量生活体验的重要标准。为了满足人们对于生活品质要求的不断提高，文化旅游产业需要探索和利用传统文化资源，同时还需要在规划和开发文化旅游资源方面寻求创新，推出更多高品质的文化旅游产品，使旅客获得愉悦的旅游体验。

（一）培育文化旅游新业态

加强文化与旅游业的融合，推动新型文化旅游业态的发展。文化和旅游产业

是一种高度渗透、交叉和融合的领域，其发展将不可避免地与其他行业产生相互影响和互动。通过倡导文化和旅游产业的融合发展，可有效利用产业的优势，使产业效益最大化，同时还能够在更广泛、更深远、更高水平上推进文化和旅游领域的交流与发展。

（二）拓宽国际视野，提升民族文化自信

在国家形象宣传中，文化和旅游互为补充，文化是各国或各地区互相联系的桥梁，旅游则是展示国家形象的窗口。文化和旅游的结合可以在多个方面发挥重要作用，比如在推动产业逆势增长、促进经济转型升级等方面产生积极影响；可以加强各国之间的交流、合作；等等。

目前，文化和旅游两个领域之间的相互融合发展，需要负担许多重要的历史使命和社会责任。要增强文化自信，需要挖掘和整合广泛的文化资源，同时优化产业结构来推动创新。这样可以创造更加丰富的文化旅游体验，吸引更多的境外游客，让他们从中体验到中华民族独特的文化魅力，从而提高他们的满意度和旅游感受。另外，应该鼓励文明的出国旅游。我们需要秉承古代中华民族的文明礼仪传统，提高国民素质，规范出境行为，为中国精神和气质在国际上的传播构建桥梁。

第三节　文旅融合的市场动力机制

关于文化和旅游的关系主要有以下几种说法。

①灵魂载体说。旅游和文化密不可分，文化是旅游的灵魂，旅游则是文化的载体。旅游业既具有深厚的文化特质，又具有浓重的经济特性。它不仅是一项文化事业，更是一项经济活动。作为文化资源传播的重要媒介，旅游满足了游客对于真实文化的渴求，采用了场景化、活态化、生动化等方式来展现文化。

②资源市场说。即把文化作为重要的旅游资源，旅游作为文化市场化的手段。

③宜能促彰说。有相关研究人员提出了“宜融则融，能融尽融，以文促旅，以旅彰文”的文旅融合原则，使得文化和旅游之间更像是合作关系。

同时，也有学者认为，理念融合是基础，职能融合是保障，资源融合是抓手，产业融合是核心，科技融合是助推器。实现文旅融合需要遵循市场规律，在资源、

技术、市场和功能等方面进行整合和合作。旅游业的市场发展离不开文化资源的支持，同时旅游也能够促进文化价值的实现、保护和传播。因此，旅游业扮演着文化价值保护、转化、传递和创新的角色。

一、文化是文旅市场的核心战略资产

有一些学者认为，文化资本应该被视为第四种资本，与物质资本、人力资本和自然资本地位相当。它指的是以形式为积累方式，并具有文化价值的资本。融合文化对于旅游企业来说是极为重要的，因为无论是传统文化、现代文化，还是创意文化，都是企业核心战略资产不可或缺的要素。文化对企业有着显著的战略意义，可以成为企业生存成长和巩固竞争优势的重要因素。也有学者指出，要想获得持续的竞争优势，就必须拥有具有高价值、稀缺性、难以复制以及能够保持长期竞争力的资源。文化资产具有三个特征。

其一，地方特有。由于地域不同，文化往往会展现出特色和独有的气息，因此在不同的地方，同一文化会呈现出截然不同的面貌。中国的不同地域有着不同的文化特色，例如江淮文化、徽文化、齐鲁文化、燕赵文化、河洛文化、三秦文化、岭南文化等。饮食方面也存在南方喜欢甜食、北方重口味、东方爱吃辣、西方喜欢酸味的区别。

其二，路径依赖。文化具有时间压缩、历史构建的特征，是长期历史演变而成的。

其三，难以言传。由于文化中存在着偶然的歧义和社会的复杂性，因此难以完全理解和清晰表达。除了聚落、道路、田野等物理要素，文化景观所包含的特征还包括难以言说的“氛围”。这些特征使文化拥有独一无二的持久竞争优势，不可复制或替代。

二、旅游是文旅市场的空间生产方式

为了充分利用文化的价值，必须采用市场化方式进行转化。旅游可以将文化转化为实际可体验的空间产品。现代游客更喜欢探索文化内涵和符号意义，从而获得文化价值的体验。如同卡勒（Culler）所言，现代旅游者常被描述为“符号部队”，他们通常寻找符合他们想象的符号和具有象征意义的事物来激发他们的旅游体验，并在享受符号流动和激发的刺激感中获得快感。据麦坎内尔观察，随着城市化和现代化的不断发展，不少地区的传统文化和情感已逐渐消失。因此，旅行者们常常期望重新体验那些早已逝去的人生意义、传统文化、宗教活动以及地方情感等，并对他人真实的生活产生极大的兴趣。游客的目的是寻找原真性。游客凝视理论创始人厄里（Urry）认为，后福特主义的趋势是“消费”导向。仅仅提供产品制造并不足以吸引顾客，产品需要被赋予特殊的符号意义来推动顾客的购买热情。消费的实质是在消费物品所具有的象征意义，而不是物品的实际属性。①

将文化符号转化为商品需要对消费品进行可视化和体验化的加工。迪克斯指出，将文化视作旅游资源时，越来越多的游客会前来观光“文化”，然而，并非所有文化都具有可视性。②因此，对文化旅游吸引物进行恰当的展示，满足游客的需求，已经变得越来越重要。通过提升可视化生产技术，游客在文化旅游中能够更好地进行沉浸式体验，从而成为文化旅游的重要组成部分。游客的注目意指他们对特定景点所代表的内涵和价值的创造及享受。旅游景点的独特之处源于其所承载的文化符号，这种符号在日常生活中无法体验到。这些符号的意义进一步激发了游客在旅游过程中的感官体验。通过观察发现，旅游地点提供的所有服务都需要支付费用，这些服务已经被商品化，因此视觉消费成为现代旅游活动的重要组成部分。旅游可以将文化转化为旅游资源或者旅游吸引点，从而实现对遗产价值的活化传承和加强公众对遗产价值的认知能力。

企业的文化积淀是其战略优势，旅游作为一种经营手段，有助于增加其生产能力，这就是文化与旅游融合所带来的市场推动力。文化和旅游的融合市场是由两个领域的内在协同作用和融合后形成的规模和范围经济效应驱动的。

① 王华，邹统钎．文化与旅游融合的理论与实践[M]．天津：南开大学出版社，2021．

② 王华，邹统钎．文化与旅游融合的理论与实践[M]．天津：南开大学出版社，2021．

第三章　旅游文化与跨文化传播

旅游作为一种越来越普遍的人类活动，从表面看是一种地理上的空间位移运动，而实质则是一种文化空间的转换，即旅游者从一种文化环境进入另一种文化环境。旅游活动在不同文化中的跨越成就了一种独特的跨文化现象——旅游跨文化行为。本章的主要内容是旅游文化与跨文化传播，分别从两个方面进行相关论述，依次是旅游的文化扩散与整合、旅游的跨文化交流理论。

第一节　旅游的文化扩散与整合

一、旅游的文化扩散

（一）文化扩散的概念、类型与影响

1. 文化扩散的概念

文化扩散是指文化传播的空间移动和时间发展，是指文化在不同地域和时间中的传播和发展过程。文化传播主要可以分为横向传播和纵向传播两种方式。横向传播是指文化范围的扩展，即不同文化之间的互动和交流。纵向传播指的是文化在不同阶层或不同年龄段之间的传承和延续。

在旅游的跨文化交流中，我们更关注旅游客源地与目的地两种不同文化空间的交流及其所产生的文化扩散现象，因此主要研究的是文化的空间扩散。

文化扩散的过程包含三个环节：一是文化移动的起点为文化源地，二是文化移动的结果是文化区的分布，三是将文化源地和文化分布区连接起来的文化扩散路线。在跨文化交流的旅游中，文化源地就是旅游目的地，文化扩散线路就是旅游活动本身，文化扩散的结果就是跨文化旅游交流给旅游者及客源地所带来的影响。

2. 文化扩散的类型

有相关学者根据空间距离的远近将文化扩散分为两大类：一类是迁移扩散，另一类是扩展扩散。

（1）迁移扩散

迁移扩散指的是通过作为文化载体的个人或群体的迁移活动，把新观念或新工艺带到新的地区，最终可能形成新的文化区。随着世界人口的迁移运动，不同的文化通过迁移扩散传播到世界各地，促进了世界文化的交流与发展。迁移扩散由于移民长距离迁移，在新的定居地所出现的文化现象与原有分布区往往并不相连而成为一种孤立的分布现象。

（2）扩展扩散

扩展扩散指的是一种文化事物或现象由人们接力似地从一地传往另一地的过程，最终从文化源地扩展成为范围更大的文化区。

区分文化扩散的不同类型可以在旅游开发和宣传中帮助人们推进或阻止某种文化的扩散，比如，时尚的旅游消费具有等级扩散的特点，往往在年轻人中兴起，然后扩散到中老年人中，那么在进行旅游广告宣传时就会更有针对性，效果也更佳。然而事实上迁移扩散与扩展扩散的区别往往是相对的，在旅游所带动的文化扩散中同样无不包含着迁移扩散的情况。即使是同一种文化扩散现象，从不同的侧面去分析，它的突出特点也有差异。这实际上说明了文化的扩散是立体的、多方位的，我们不必刻意区分每一种文化的扩散类型，但应该知道人类社会的发展与文化的扩散是密不可分的。

3. 文化扩散的影响

文化扩散是文化发展和繁荣的重要途径之一，要维护和弘扬传统文化，推广和普及现代和当代文化，必须进行文化扩散。不同文化区域会融合其他文化区域的优点，并将它们融入本地文化，丰富地方文化内涵，使得世界文化的发展在相似性与多样性的互动中不断进步。无论是在日常生活、工作还是学习中，文化扩散的现象处处可见。

旅游活动带动的文化扩散同样具有一般文化扩散过程的特点，都是以人作为文化的载体，在人与人的文化交往之间进行传播和扩散。在跨文化旅游交流中，旅游者实际上承担着文化扩散中介的角色，在空间上将旅游目的地文化传播到客源地。客源地和目的地空间的相互作用导致了游客的流向和流量，也就形成了文化扩散的形态。随着交通运输设施的发展、人均收入和消费水平的提高、闲暇时间和旅游动机类型的增多，客源地和旅游目的地之间的空间距离和心理感知距离越来越短，文化扩散的自然阻隔正在日益减小。与此同时，在提倡“地球村”的今天，文化的多样化和包容性进一步推动了世界性大众旅游的发展，文化扩散中的人为阻隔也在逐渐减小，这些都使跨文化旅游交往中的文化扩散变得容易，可以更好地搭建不同国家、地区的文化桥梁。

（二）旅游的文化传播

旅游传播的主要内容包括旅游政策的传播、旅游信息的传播、旅游目的地形象传播和旅游事件的传播。旅游政策被制定后，只有经过有效的传播才能被旅游组织、个人所接受，才能被高效地执行，最终达到旅游政策既定的目标。因此，有必要对旅游政策传播的特点、功能、传播失真及其防范进行探讨。旅游业又是信息依赖性非常强的产业，在某种程度上，旅游产品表现为各个方面信息的集合。在旅游市场竞争日趋激烈的今天，了解旅游信息的内涵和传播特点有助于赢得市场，赢得竞争。随着旅游业的发展，旅游目的地的形象传播越来越受到重视和关注。而旅游目的地形象要进行高效传播就必须认清旅游目的地形象传播的各大要素、制定旅游目的地形象传播战略和综合运用各种传播策略。要关注旅游目的地旅游事件的传播，了解旅游目的地旅游事件的传播特点，对传播媒介进行有效的管理，促使旅游事件朝着有益于旅游目的地旅游业发展的方向传播。

1. 旅游政策的传播

（1）旅游政策传播的概念

旅游政策是国家、政治组织和团体拟定的规范，旨在实现特定历史时期旅游业的发展目标和路线，涵盖法规、条例、政策和标准等方面。在人类社会中普遍存在的信息共享行为过程称为传播，即信息传递或信息系统的运行过程。旅游传播内容中，包含有关旅游政策信息是至关重要的。旅游政策信息传播是关键所在。如果旅游政策信息得不到有效传递，那么政策就难以达到预期目标。因此，用传播学的基本原理来研究旅游政策，通过传播手段来更好地发挥旅游政策的作用，意义非常重大。

（2）旅游政策传播的特征

传播旅游政策是指在相关旅游组织或个人之间分享和传递旅游政策信息的过程，该过程有助于促进旅游业的发展并推动政策信息的共享。旅游政策传达的特点既包含了一般大众传播的特点，也存在与其他传播活动不同的自身特殊性。

①旅游政策传播具有组织性与强制性。通常情况下，旅游政策是由政府机构

或旅游行业相关组织共同制定的。旅游政策的传播具有明显的组织性特征，国家相关部门或旅游组织不仅制定旅游政策，而且还负责传达政策信息并保障其顺利传播。旅游组织所提供的支撑服务直接影响旅游政策传播的实现程度。组织性的要素包括建立结构合理的组织框架、拥有具备卓越领导能力的领导人才和优秀传媒人员、制定必要的规章制度以最大限度发挥资源效益。旅游政策传播的严密组织性特征体现在以下几个方面。

其一，确定旅游政策传播机构。

一般而言，制定旅游政策的机构和执行旅游政策的机构会共同负责宣传旅游政策。我国通常是通过各级党委、政府或行业协会等组织方式来宣传各项旅游政策。在遇到特殊或涉及面较广的旅游政策时，还会成立临时旅游政策宣传机构，以确保旅游政策得到有效宣传。

其二，选用传播人员。

通常各级旅游组织会挑选人员参与旅游政策的传播工作。在中国，旅游政策的传播主要由政府官员和机构工作人员承担，包括各级政府主管部门领导和公务员，以及各种传播机构的从业人员。人员是组织最富有活力和影响力的因素，他们是推动组织行为的主要动力。为了在旅游政策传播中获得成功，我们必须确保雇用的人员具备高素质和能力。一位成功的旅游政策传播者需要具备丰富的旅游行业知识和经验，并对政策的核心有深入理解。此外，他们还需要对政策要点进行归纳总结，以确保传播任务高质量完成。

其三，制定必要的管理制度。

这是确保旅游政策传播顺利进行的必要条件。这些制度一般有：

目标责任制。它旨在达成旅游政策宣传的目标，确保所有传达者都清楚自己的角色，了解完成任务的方法和步骤，以及需要特别留意的事项。

检查监督制度。一旦设立目标责任制，就必须严格执行，并对执行效果进行评估，这样才能真正了解其有效性。要有效地实施目标责任制，就必须建立严格的检查监督制度，它是联系各环节的重要组成部分。只有贯彻执行这种制度，才能确保目标责任制的有效实施。

奖惩制度。有功必奖，有过必罚，奖罚分明。整个管理制度因此形成了良好的循环，确保自身平稳运行。目标责任制、检查监督制度和奖惩制度三者构成了旅游政策传播的完整制度，它们之间相互依存、相互促进，缺少任何一个环节都无法实现有效推进。其中，目标责任制是核心，检查监督制度是重要手段，奖惩制度则是有效杠杆。

旅游政策传播的紧密组织使其具备具有强制性的特点。旅游政策是一种权威的规范，其目的在于指导旅游企业和其他相关组织或个人的行为，同时平衡各方利益关系。如果没有强制性措施，人们很可能不会自觉地遵守旅游政策规范。因此，旅游政策的宣传活动不可避免地具有强制性。

②旅游政策传播具有目的性与互动性。旅游政策的制定都有特定的目的和旨意，其旨在解决旅游业发展过程中的问题并达到一定的目标。因此，它的目的非常明确。这意味着政策传播是有目的的。旅游政策的传播旨在有效实施政策，最大限度地发挥其作用，解决相关问题，以确保政策目标的实现。旅游政策的总体目标应该清晰明确，具体内容应紧密围绕该目标展开。尤其是政策条款应该与总体目标密切相关。在传播旅游政策时，必须清晰明了地向目标受众传达这些政策。如果在传达旅游政策信息时没有确切的目标，可能会引起误解或遗漏，进而对实现旅游政策目标产生不利影响。

为了促进旅游政策的实施和提升宣传效果，各级政策传播组织需保持密切联系并相互协作，以实现旅游政策宣传的协同效应。不同层次的政策传播团队必须密切协作、采取必要措施，以确保旅游政策及时、有效地传达下去。所有旅游政策都必须得到相关方的遵守，包括政策制定者、宣传者以及受众。特别要强调的是，政策制定者和宣传者必须率先遵守政策。在旅游政策传播过程中，传播者和受众之间存在相互影响的关系。政策传播是双向互动过程，传播者和受众会彼此相互影响，这突显了政策传播的密切互动性。为了获得最佳传播效果并使旅游政策得到落实，需要关注旅游政策传播所具备的互动性。

③旅游政策传播具有限制性与时效性。旅游政策传播活动具有广泛的覆盖面并且涉及多个目标对象，是一项非常复杂的活动。为了有效推行旅游政策，我们需要注意控制旅游政策传播的范围。因此，旅游政策传播是受到限制的。在实施旅游政策时，必须采取有效的强制执行措施；需谨慎传播政策内容，控制其传播范围，以确保政策的有效执行。

旅游政策是针对特定时期制定的，随着时代的变迁，这些政策的适用性会逐渐减弱。旅游政策传播的时效性非常强，因为其适用期有限。假如旅游政策没有得到及时、全面的宣传和推广，那么其受众会无法充分了解政策的要素，这将导致难以达到旅游政策传播的预期目标。另外，如果旅游政策在实施条件未完备时提前宣布，可能会对旅游政策目标的实现产生不利影响。因此，在传播旅游政策时，需要注意把握时机，既不能过晚，也不能过早。

④旅游政策传播具有定向性与扩散性。为了顺利达成旅游政策的目标，传播

该政策时需要更加清晰地定位受众，以便使他们能够更快地理解、接受该政策内容。旅游政策的传播是有层级性的，一般由高级机构向低级机构传递，中央机构向地方机构传递，领导层向民众传递，组织机构向大众传递，呈现层层传递的形式。这种传递是旅游政策传播的一种特征。

旅游政策的传播范围广泛，没有明确的传播方向，而是呈现出不确定的趋势，可能会向各个方向持续传播。旅游政策传播的目标是特定目标，但由于社会是一个相互联系的复杂系统，因此在政策实施过程中，会涉及不同社会领域的因素，政策也会产生多方面的影响。一旦某些人接收了旅游政策，他们会开始向周围的人传递这些信息，从而扩大政策的影响范围，并超越组织机构本身的力量。这个特性可以扩大政策的覆盖面，并且可以广泛传播。

（3）旅游政策传播的作用

除了提高政策效率和实施能力外，推广旅游政策还有助于加强相关管理和调整组织或个人行为。此外，对于政策存在的缺陷，推广旅游政策也能够使其得到修正和改进。以下几点是旅游政策传播的主要作用。

①旅游政策传播具有管理和控制作用。管理是一种主要工具，可以确保社会有序运转、实现资源最优配置，同时还能够提高经济活动效率，让事半功倍成为可能。实现有效管理的主要途径和方式是政策，除此之外还有许多其他的手段和方式。这些手段和方式可能各不相同，但都能发挥独特的作用，帮助实现有效的管理。因此，可以明确地认为旅游政策的传播在管理工作中发挥了积极作用，只要进行了相关的旅游政策传播活动，就会产生管理效果。管理在旅游政策的整个过程中都扮演着重要的角色，从政策制定到政策传达，皆体现了管理的作用。制定旅游政策和传播旅游政策都是重要的管理行为，它们的管理作用不可忽视。在管理学的视角下，旅游政策传播是指管理者通过向旅游从业者介绍管理意图，以实现旅游管理目标的行为。除此之外，实施旅游推广政策其实需要进行专业的管理流程。管理操作是必要的，以便有效地选择传播旅游政策的渠道和明确传播范围。

旅游政策传播的控制作用主要体现在以下三个方面。

一是旅游政策传播内容的选择性。旅游政策传播者在筛选信息时，会有重点地选择能够被广泛传播的政策内容。因而，同样的政策信息在某些地区被广泛宣传，而在其他地方却鲜为人知。

二是旅游政策传播目的的一致性。为了有效地促进旅游政策的实施，旅游政策传播的重点在于筛选与该目标无关的内容。

三是旅游政策评价的倾向性。在政策传播过程中，传达者会以某种方式审视政策的内容，旨在协助受众更容易地接受和理解。政策传播者的主观意见常常会对政策传播的成效和执行效率造成显著的影响。如果政策传播者无法评价一项政策，那么很可能会阻碍这项政策的实施。如果政策传播者对所传政策表示赞同且给予高度评价，那么受众会受到积极影响，更容易接受政策并付诸实施。

②旅游政策传播具有聚集和教化作用。从表面上看，旅游政策宣传具有召集人们相聚的作用，即将两个或更多的人团结在一起。因此，在推广旅游政策时，如果发现有任何对旅游业不利的行为，应制定旅游政策来加以限制。在制定旅游政策时，还需要进行相应的调查和研究，最终颁布和执行政策的时候，通常会引起人们的关注和讨论。如果旅游政策传播无法起到聚合效应，那么制定的旅游政策就无法实施，从而导致旅游政策传播出现缺失的现象。旅游政策传播的聚合效应主要表现在其对象的集聚上。无论旅游政策传播的对象为何种心理状态，他们的直接行为表现都是为了满足生存和生活的需求。可通过比较自己和他人对待该项旅游政策的态度，来判断是否达成一致意见。当旅游政策接收者想要找到有同样想法的人时，旅游政策传播的凝聚力就展现出来了。旅游政策的传播在个人中会起到聚集作用，但在群体中会更加显著地体现该作用。

旅游政策传播过程中，难免会遇到新的政策，由于受众的不同背景和观点，可能会引发一些争议和困惑，从而出现一些疑虑和误解。为了有效推行旅游政策，需要在传播该政策的过程中，消除思想障碍，并且进行详细、全面的劝说工作。人们的思维方式通常取决于他们所处的环境条件、认知角度和能力等多种因素。这些因素会随着时间的推移渐渐积累，最终引起思维方式的逐步转变。只有遵循思想发展规律，结合旅游政策传播方式，采取逐步推进、耐心劝说的方式，才能解决思想问题。这就是旅游政策传播所具备的教育改变功能。在宣传旅游政策时，传达者可以利用政策内容教育接收者，引导他们对世界的认知，使其形成正确的思考方法和科学观念。旅游政策的宣传推广旨在通过教育提高受众对旅游政策的认知和科学文化素养。

③旅游政策传播具有修补和整合作用。随着旅游政策的宣传推广活动的不断开展，听众的素质也会得到提高。旅游政策传播可以通过受众反馈不断调整和完善，这就是旅游政策传播的修正和改进功能。政策修补涉及的因素既包括外部现实因素，也涉及内部决策者的主观因素。客观原因指的是来自社会发展的政治、经济和文化等多方面的影响，其中包括旅游政策的变化。对旅游政策问题、旅游政策环境和旅游政策方案的观点、态度和理解因个人主观因素而产生，可以称之

为主观因素。随着时间的推移，旅游政策的环境和人们对其的认知不断变化，需要进行反复审视，以确保制定政策的真正目的是解决社会问题，并考虑更新旅游政策的目标和方案。政策传播的修正作用在于通过反馈信息认真分析政策问题，以确定现有政策所需的补充和完善，以确保政策目标能够达成。

旅游政策的整合功能在于将各项政策进行有机串联和互相补充，进而实现旅游政策的整体优化。在政策传播过程中，两种以上的政策信息相互融合、相互学习和相互认可，从而达到整体优化效果的目的。

（4）旅游政策传播的失真问题

失真是指当声音、图像或语言内容等与其最初的形式不符时所产生的一种现象。失真是一个术语，用于描述通信技术中的现象。这种现象是由信号传输过程中的噪声、干扰等外界因素所引起的，导致信息原本的样子被改变。旅游政策的制订者会运用多种手段，如大众传媒、内部组织交流以及人际渠道等，将相关信息有效传递给旅游政策执行者和相关人群。旅游政策的客观描述和准确性受到了削弱，因为旅游政策信息存在不确定性、信息传递渠道可能有遗漏，相关人员可能存在个人利益冲突以及文化背景不同等因素。这可能会导致旅游政策的某些方面得到扩张或缩减，或者其实际内容被篡改，从而无法准确反映其本质特征。这一现象被称为旅游政策传播失真。

①旅游政策传播失真的原因。第一，一些旅游政策本身的不确定性、模糊性。

旅游政策应当以准确、具体和可操作性强为特点，它是旅游业行为准则的概括和总结。有些政策可能存在问题，比如表述过于抽象、缺乏明确性，甚至有些模糊。旅游政策所面对的现实问题往往缺乏明确的边界，需要考虑多种因素。此外，在制定旅游政策的过程中，常常存在程序和制度方面的缺陷，这会导致一些定义模糊、意义不清的旅游政策被通过。制定旅游政策时，制定者的利益倾向和技术水平可能会影响其表述的准确性和完整性。因为一些政策缺少严格的逻辑推理和科学依据，所以它们具有一些固有的问题，难以得到有效解决。这种情况常常会导致政策之间的矛盾和对立，例如新旧政策的冲突、政策之间的相互抵消、宏观与微观政策的不协调以及短期目标与长期规划之间的矛盾。

第二，旅游政策信息选择的偏向性。

在旅游政策传递过程中，由于个人的利益、信息获取能力以及信息质量和数量的不同，接受者会有意识地选择性地处理信息，这可能导致信息偏向选择的倾向。在政策传达中，信息偏向会产生以下两种影响。

一种是潜在的引导作用。在信息传递过程中，那些处于优势地位的个人或团体，可能会采取一些手段来对信息进行处理。这些手段会导致信息内容的扭曲、阻拦、夸张、美化，或者延误信息的传递，以使其自身的利益得到满足。

另一种是道德腐败，即在政策传达过程中，各环节中出于私利采取了不道德的手段来影响政策的执行，如故意篡改事实、扭曲真相等，最终导致公共政策的实际执行效果与原本计划的不同。

第三，旅游政策信息传递环节的自然损耗。

在一定程度上，旅游政策信息的传播过程是一个不断添加解释和想象的过程。当接收到有关文本时，接收者倾向于将所获知的内容与自己的经验和背景进行对比。接收者会对规范和方针进行仔细的比较和分析，逐步排除那些与自身实际情况不符的条例和规范，最终选取适合自身情况的方针和规范。在进行分析和推理时，需要不断地确认和排除信息。在这个过程中，信息的传递者可能会对其进行修改或编辑。这种增减常常是不由自主发生的，难以避免和控制。这种信息流失是因为信息在传递过程中自然减少所致。随着信息传递路径日益扩展，信息经历的环节也逐渐增加，导致信息流失加剧，且损失程度也会逐渐递增。

第四，旅游政策信息不同传播方式的局限性。

旅游政策信息可以通过三种主要的传播途径进行传递，包括广泛的媒体传播、有组织的宣传以及人际间的口碑传播。除此之外，还存在一种涌现的网络传媒途径。每种传播方式都具有自身独特的优点。双方互动的人际交流具有较小的覆盖范围，因此有助于降低信息失真的风险。大众传播的覆盖面广泛，能够快速直接地传递信息。但由于局限性，媒体在向大众传递信息时需要进行处理和筛选，导致信息的质量和数量难以保证。此外，传播是单向的，信息传递渠道也较为复杂，因此信息失真和流失的风险较高。

第五，相关监督机制不严。

政策失真对社会的影响是双重的。一方面，在执法松弛、违法成本低廉的情况下，一些人采取不当行为的风险相对较小，导致不良现象屡禁不止。另一方面，法律缺乏对社会上一些不良现象的有效打击力，导致追求财富和享乐成为当前的潮流。这不仅对一些旅游政策制定者的人生观、价值观和社会责任感产生了影响，同时也加剧了旅游政策扭曲的现象，因为一些在信息处理方面具有垄断地位的官员会追求修改政策以获得荣耀和利益。

②旅游政策传播失真的防范措施。在旅游政策方面，有一些因素不可避免地导致了信息传播失真。这种情况既有政策规定不清晰的原因，也有信息传递环节出现问题的原因。如果是因为政策的问题导致的，责任应由政策制定者承

担；如果是因为传播体制或相关人员的问题导致的，就需要采取措施进行纠正和防范。

第一，规范旅游政策的制定。

旅游政策应该落实到位，并以最简单、最直接的方式让人们感受到实际效果。因此，在制定旅游政策时，应尽量使用明确而具体的措辞，避免使用模糊、含糊不清的表述。当遇到不确定信息时，应该尽力确保假设、处理和执行等方面的准确和完整，以减少主观判断所造成的差异。制定旅游政策时必须全面考虑以下因素：

一致性：尽量不与相关的政策、法规相冲突，如地方性旅游政策要与中央旅游政策保持一致，旅游政策法规要与宪法、其他经济法规的基本精神相一致等。

连续性：与以往的政策基调保持一致，如果对以往政策有原则性更正，应对最新文本的变化加以强调和说明。

可读性：在语言表达上，要流畅自然、措辞精准明确，避免出现朦胧抽象和混乱不清的表达方式，以此来保证信息的准确传达，让人们正确理解其中的基本前提、适用范围和实施基础。

均衡性：随着市场经济的发展，各种利益方的需求变得越来越有价值。在制定旅游政策时，需要注重追求公正和公平，以确保各方的利益得到平等和公正的满足。

第二，改善旅游政策信息流通的渠道。

鉴于当前信息技术的快速发展，应优先采用计算机和网络技术来直接传递信息，以避免不必要的传输步骤。另外，为了更加全面、丰富地呈现旅游政策文本，建议采用基于磁介质和网络介质的报告方式取代传统的纸质报告方式。此外，为了处理一些容易混淆的信息，还可以采用不同的方法。例如，可以加强流通渠道、增加相关信息的数量或揭示其本质等。通过采用多种渠道和方法建立联系，可以增强信息的清晰度和确定性。

第三，提高旅游政策信息透明度。

信息接收者的利益驱动是导致其选择偏向某一旅游政策信息的主要原因。只有彻底解决这一问题，才能确保旅游政策制定者和旅游政策接受者达成共同目标和实现互惠互利。然而，在实际实施旅游政策时，一定会涉及人们的利益再分配和再调节，因此在制定旅游政策时，应该综合考虑各方的利益。另外，必须强化旅游政策信息传递的监管，以确保各社会群体之间的行动协调一致。

尽管旅游政策被各种因素干扰可能导致其表达和特点与最初描述不同，但本质含义未改变。如果我们实施一些举措，例如简化信息流程、加强管理与传播，注重培养中间人才等，那么我们就能够有效地降低因旅游政策信息传递异常而带来的负面影响和损失。

2. 旅游信息的传播

由于经济和民生水平的加速发展，以及人们休闲时间的增加和消费观念的改变，旅游行业正在迅速壮大，市场的不断扩大，使旅游产品也变得越来越多样化。随着旅游领域的不断发展和完善，不仅传统旅游产品得到提升和改进，还有越来越多的新兴旅游产品出现。旅游业具有高度依赖信息的特征。旅游产品具有独特属性，例如无形性、生产消费同步性以及不能储存的特性，这导致旅游产品对于信息的需求特别高。实际上，旅游市场上的信息表现形式往往以旅游产品为主。如果旅游信息传播渠道不流畅，就会影响旅游业的发展。旅游营销扮演着极其重要的角色，它不仅能够增强旅游目的地的形象，还可以宣传旅游产品并促进旅游消费。因此，它已经成了旅游业中必不可少的要素。

（1）旅游信息传播的内涵

旅游信息从狭义上来说，就是一切与旅游产品相关的信息，即与旅游活动中食、住、行、游、购、娱六大要素相关的信息总和。从广义上来看，旅游信息指与旅游业发展和一切旅游活动相关的信息。本节偏向于从狭义的角度来理解旅游信息的概念，不仅包括旅游地静态的自然景观和丰富多彩的文化信息，还包括实现旅游活动的支撑体系：住宿、交通、餐饮、购物、娱乐活动等相关信息。因此，旅游信息传播是指旅游信息从旅游目的地经过大众媒介到达旅游主体（旅游者）后被旅游者接受，并产生旅游消费欲望的过程。

（2）旅游信息传播的特点

总体说来，旅游信息传播呈现以下特点。

①传播主体与传播客体的兼容性。毋庸置疑，旅游者本身就是旅游信息的接受者。旅游者吸收旅游地的自然景观和文化信息并产生旅游欲望的同时，也把所接受的信息通过各种途径传播给周围的人，与之共享，使之产生认同感。从这个层面上而言，旅游信息传播的客体又是旅游信息传播的主体。

②传播内容的独特性和多维性。文化的差异性和生活的异质性是旅游的生命。没有这种差异性，旅游就没有了驱动力。旅游的本质就是从“异”地他乡、独特文化、独特环境中寻找满足旅游者需求的东西。每个旅游目的地或旅游产品之所以得到旅游者的认同或青睐，就是因为旅游目的地独特的地理、历史、文化特征。

每个旅游地的地理、历史、文化等都是独一无二的，这就导致旅游信息的千差万别。每条旅游信息都有自身的独特性，才能吸引旅游者的注意力。由于旅游涵盖了食、住、行、游、购、娱六大要素，旅游信息传播内容也综合了这六个方面的要素。

③旅游信息传播体系走向多元化、立体化。随着我国旅游业的迅猛发展，人们对于传达旅游信息的准确和规范提出了更高的要求。需要提升旅游目的地的旅游信息服务水平，向旅游者提供更加全面、详细、准确且及时的旅游信息。随着旅游业的快速增长，迫切需要改变仅利用网络媒介传播的情况。除了旅游政务网和旅游咨询网以外，各地也采用了多元化的信息传播途径，以实现全方位的传播形式。为了方便越来越多的自助旅游者，可以在各省、市、县设立地方咨询中心；为了满足越来越多的自驾游需求，需要在各地开发和建设地图系统；在黄金周旅游高峰期，利用监察预测系统，指导游客实现更加理性的旅游安排和金钱开支；制作发行旅游宣传册子，使得旅游信息更加快捷化。

旅游信息机构与传媒机构合作，旅游信息机构与平面媒体联手推出了各种类型的旅游信息平面传播媒介，填补旅游信息平面传播领域的空白。旅游信息平面传播媒介是以旅游消费和信息指南为主要内容，以“传播旅游文化咨询，推介各地旅游资源”为主题的旅游信息服务媒体，及时沟通旅游供需双方，引导大众旅游消费方向；还应联合各省市等地方电视台，推出旅游信息服务节目，对各地旅游资源进行个性化立体展现，以一种轻松活泼的风格和及时全面的信息，赢得游客的喜爱。旅游信息传播体系走向立体化、多元化为旅游业的繁荣发展打下了坚实的基础。

④旅游市场上，旅游信息传播具有不对称性。我国旅游市场尚未成熟，旅游信息传播具有明显的不对称性。主要表现在：一方面，旅游产品的供给者对旅游产品信息的发布非常积极，而旅游产品的购买者（游客）往往不愿意将自己的信息提供给对方；另一方面，旅行社使信息不对称问题更加复杂化。旅行社对旅游产品（服务）提供者和旅游者比较了解，本应该是消除旅游市场信息不对称的理解桥梁。但是，旅行社出于赚取更多利润的目的，不愿意将已知的信息告诉对方，或提供虚假旅游信息，这样导致旅游市场出现新的信息不对称。

3. 旅游目的地形象的传播

旅游目的地形象研究始于 20 世纪 60 年代。当时的研究主要着眼于旅游目的地的旅游美学价值和社会文化特征。但 20 世纪 80 年代后，随着旅游市场竞争的日趋激烈，旅游目的地形象逐渐受到关注和重视，旅游工作者开始认识到良好的目的地形象是吸引旅游者的关键因素之一。只有深入了解旅游目的地，扬长避短，树立良好的形象，才能保证稳定的客源。旅游目的地形象已成为贯穿旅游目的地发展过程的重要因素，越来越多的旅游目的地成立了专门的形象设计和形象传播机构。

（1）旅游目的地形象传播要素

①旅游目的地形象传播主体。湘潭大学方世敏教授指出，在旅游行业中，宣传旅游目的地的形象主要由行政管理部门来负责。市场经济条件下，旅游企业需要承担向广大民众推广旅游景点和介绍整体旅游形象的责任。[①]

旅游行政管理部门有权评估旅游目的地的整体发展情况，并提供旅游企业所需的支持和服务。该部门还要对旅游目的地正确的发展方向进行研究和指导。这样可以帮助打造和管理该旅游目的地的整体品牌形象。旅游行政部门在旅游目的地承担多重职能，如化解争议、提供咨询、传递信息、展开研究等，并肩负着促进旅游目的地形象的监管和推广责任。旅游行政管理部门是旅游目的地形象的主要宣传机构，其他团体和个人不能取代。因此，旅游行政管理部门必须有计划地传播旅游目的地的形象，这是它不可推卸的职责。

作为旅游目的地形象传播主体的旅游行政管理部门，其履行职责的方式包括以下方面：制定旅游形象传播战略、策划旅游形象传播计划，并组织开展相关活动。

②旅游目的地形象传播客体。为了让传播的旅游目的地形象能够产生预期的效果，需要有一定的受众来接受和理解它。这些受众被称为旅游目的地形象信息的接受者。客体是旅游目的地形象传播的重要参与方，对于旅游目的地形象传播的效果有着重要的影响。

旅游目的地形象传播的对象不是一般社会大众，而是目标旅游市场内的特定目标消费群体。旅游形象宣传的最终目的在于增加旅游业的销售量。为了确保旅游形象的有效传播，我们需要明确目标客源市场并限定市场范围，以目标旅游消费者为重点宣传对象。这样做可以确保宣传效果更加精准和有效。识别形象客体实质上是综合考虑旅游消费者的消费能力、消费偏好以及信息获取方式等因素，并做出综合评估的过程。只有明确旅游目的地的目标人群和特征，并采用合适的传播策略，才能成功地进行旅游形象推广。

① 方世敏．城市旅游形象研究[M]．长沙：湖南地图出版社，2002．

③旅游目的地形象传播内容。旅游目的地形象传播内容是构建旅游目的地形象传播的基本组成部分。旅游目的地形象传播内容的具体工作是指以符号为媒介，将旅游地目的的形象信息传递给受众。为了宣传旅游目的地的形象并影响游客及其他社会公众，需利用信息交流。旅游目的地的宣传形象会直接影响旅游目的地的宣传效果。

虽然旅游目的地和旅游形象之间存在着大量关联信息可供了解，但在传播旅游形象时必须对这些信息有所选择。为了确保旅游品牌形象的可靠性，我们需要综合考虑多种因素，如时间、地域、目标受众和竞争环境。这将帮助我们明确旅游目的地的品牌形象并制作相关主题，以有力地传达旅游形象信息。

旅游形象的传播是否成功取决于是否挑选了合适的旅游内容。为了有效传达旅游形象信息并获得良好的效果，必须确保旅游目的地具有独特魅力，能够吸引目标消费者，并且在该领域中不存在竞争对手。

④旅游目的地形象传播媒介。旅游目的地形象传播媒介即旅游目的地形象传播渠道，用于传播旅游目的地形象信息。媒介是传播的必要条件，而旅游目的地的形象传达则离不开传播媒介。媒介是传递旅游目的地形象的基本方法。在传播旅游目的地的形象信息时，需要考虑到旅游形象传播媒介因素的影响。旅游目的地的形象传播效果会直接受到传播媒介的使用情况以及信息的表现和发布方式等多种因素的影响。

不同传媒方式有着独特的特点和作用。在不同时段，旅游目的地形象传播的任务、目标受众和内容都不同。因此，选择相应的媒介也应有所变化。每种传播媒介都有其局限性，不应寄希望于某一种媒介来完全传达理想的形象效果。

（2）旅游目的地形象传播战略

①制定旅游目的地形象传播战略的必要性。在制定旅游目的地形象传播战略时，需综合考虑多方因素，包括但不限于旅游者和公众对目的地形象的认知、市场竞争情况以及形象塑造的需求等。这些因素决定了如何有效地传播旅游目的地的形象。

第一，旅游者感知旅游目的地形象的需要。越来越多的数据表明，旅游者在进行前往某个目的地旅游的决定中，该地的形象起着关键的作用。对许多人来说，旅游已经成为必不可少的生活元素。随着时间的推移，人们在日常生活中投入旅游花费中的比例不断上升。当人们想要旅游时，通常都会努力去探索、发现尽可能满足自身旅游偏好和需求的目的地。

旅游者的旅游过程一般可以划分为准备、旅途中、旅游目的地活动、回程和回忆五个阶段。这五个阶段，按旅游目的地认知过程可以简化为旅游前的准备、实地旅游、旅游后的回忆三个阶段。在这三个阶段的每一个阶段中，每位游客对于旅游目的地的感受因人而异。在旅行准备阶段，旅游者需要仔细考虑自己的旅行动机，并选择适合自己的旅游目的地。此时，旅游目的地的形象就扮演着非常重要的角色，因为它会直接影响旅游者做出最终的决定。旅游目的地形象主要包含原生性形象和诱导性形象。原生性形象又称本地感知形象，是旅游者在日常生活中通过非旅游的交流而获得的对某地最初的、不完备的了解，这是旅游者产生旅游动机的源泉。诱导性形象又称决策感知形象，是旅游者产生旅游动机后主动搜寻旅游目的地，相关组织通过一定媒介向旅游者主动传播旅游目的地相关信息而形成的旅游形象。不论是原生性形象还是诱导性形象，都是由旅游地信息源发出的，尤其是诱导性形象更是旅游目的地主动发送的旅游形象信息，直接关系到旅游者的旅游决策。因此，旅游目的地有计划的旅游形象诱导性传播方案和行为，对于旅游者旅游活动的开展和旅游目的地旅游业的发展具有十分重要的意义。

另外，需要强调的是，旅游地形象的全部感知显然不仅是间接感知，还包括实地旅游过程中及旅游之后形成的实地感知。对于完整的、真正的旅游目的地形象的形成，实地感知才具有实质性意义。必须看到，关于旅游目的地旅游吸引因素，有一些显性的物质因素是容易感知到的，如视觉吸引因素、基础设施等，而有一些则是隐含在物质表象背后的潜在的因素，如风俗习惯、旅游目的地精神、宗教信仰、社会相关制度等。隐含性因素需要在旅游目的地形象传播主体的诱导性传播阶段和旅游者实地旅游阶段向旅游者进行主动而充分的揭示，这对旅游目的地整体形象的形成和旅游者消费需求的满足十分重要。

因此，对于旅游者的旅游过程来说，旅游目的地形象始终相伴相随，旅游目的地的形象传播直接关系到旅游者旅游动机产生、旅游选择型决策和旅游审美体验。故而，制定科学的旅游形象传播战略至关重要。

第二，旅游市场竞争环境的需要。随着旅游市场的壮大和旅游竞争的加剧，旅游市场已由一个卖方市场转变为典型的消费者买方市场，甚至已进入微利时代。整体而言，虽然旅游市场的规模很大，但它并不属于基本的生活需求之一，而是人们在满足基本需求后，希望能够追求更高层次的体验需求。此外，因为旅游产品之间往往可以相互替代，因此旅游需求具有相当的弹性。旅游者可以完全依据自身需求和兴趣进行旅游计划的调整，其中涉及的方面包括日期安排、旅游目的地的选择、交通方式的选择、旅游方式的选择以及行程的整体规划等。旅游产品的寿命有限，并且无法存储或转移，因此各个旅游目的地和企业都高度依赖客源市场。因此，旅游公司之间会展开激烈的竞争，以吸引更多的客人。随着竞争的加剧和地方旅游产业地位的提升，旅游企业的竞争日益表现为旅游目的地之间的竞争。

旅游目的地之间的竞争是整体实力的较量。实力来自旅游目的地旅游产品丰富性、旅游服务整体评价、旅游设施和整体旅游环境舒适性等方面，同时，还包含它们的相互协调配套。而旅游目的地的实力只有被旅游者感知，才会变成旅游者产生旅游动机和做出选择性决策的动力。这样，从宏观上把握竞争态势，从高起点、大范围构建形象传播显得十分必要。

第三，塑造旅游目的地旅游形象的需要。旅游目的地形象塑造不是一个简单的过程，而是一个复杂的系统工程，涉及旅游目的地本身、旅游者和竞争环境等各个方面。但从根本上讲，涉及旅游目的地旅游要素的规划、设计和建设问题，以及将旅游目的地的优势和特色传播出去，让旅游者和其他社会公众能够最大限度地感知旅游目的地的旅游信息。旅游目的地旅游形象塑造是“设计”和“传播”的辩证统一：建立良好的旅游形象不仅需要有优良的设计和建设，还需要有效的形象传播。若仅有设计及建设却未加强传播，则该地区或景点无法在游客和其他社会群体中留下良好印象。因而，为了确立良好的旅游形象，旅游场所需要将出色的设施建设与有效的宣传策略相结合。

旅游形象传播战略是制订具体传播计划的指导理论和思想，没有良好的战略指导就不可能有好的具体计划。因此，基于旅游目的地旅游形象塑造的基本原理和规律，制定适当的旅游形象传播战略十分必要。

②旅游目的地形象传播战略思路。任何战略的制定，都需要明确的思路，旅游目的地形象传播战略的制定也不例外。只有明确思路，才会制订出合理的战略计划。

第一，明确旅游目的地形象传播战略观念。形象传播战略观念是指导旅游目的地旅游形象战略方案制定和实施的根据，也是旅游形象传播战略的行为准则。

当今时代是信息时代，也是形象时代，旅游业是形象产业。旅游目的地旅游形象传播主体首先应当具有“没有良好形象，就没有旅游目的地旅游，不进行有效的旅游形象传播就不可能形成和发展旅游目的地旅游产业”的战略高度；其次应当明确旅游目的地的宣传要遵循传播规律，进行科学的旅游形象传播；再次应当明确旅游目的地旅游形象传播必须从实际出发，实事求是，即传播信息必须真实可靠，对旅游者和企业发展负责；最后，应当树立系统化观念、为旅游者和企业服务的观念、有效性观念、效益观念和着眼于未来的观念。

第二，选择恰当的形象传播战略。旅游目的地形象传播战略方案是旅游目的地旅游形象传播的行为模式。旅游目的地旅游形象传播战略方案有多种类型，如密集型进攻模式、市场渗透模式、稳定发展模式、形象调整模式和市场防御模式等。旅游目的地旅游形象传播选择何种模式，必须根据旅游目的地的旅游业发展状况、所处的竞争环境、旅游目的地旅游形象传播的经费预算等条件，进行综合分析，然后确定合适的旅游形象传播战略方案。

第三，明确形象传播战略目标。旅游目的地旅游形象战略目标，是旅游目的地希望经过相当长一段时期努力而在旅游市场所要达到的旅游形象目标。旅游形象目标是旅游目的地旅游形象传播工作努力的方向，同时也是检验传播工作效果的标尺。只有目标明确才不会迷失方向，才会有前进的动力。旅游目的地必须进行多个方面的广泛调查，包括旅游业现状、发展趋势、所处的市场环境等，充分了解情况，再进行认真细致的比较分析，最后确定目标。旅游目的地旅游形象传播战略目标，既应有中长期的总体目标，又应有各阶段的分目标。目标应当切合实际，不能脱离旅游目的地的环境条件。目标也应当是具体可行的，不能制定一些不利于旅游形象传播战略计划的目标。

第四，确定形象传播战略重点。旅游形象传播涉及旅游信息的各方面，是非常复杂的，是面向国内外、区内外各级市场，运用各种媒介和手段，持续时间较长的综合性强、复杂程度高的工作。但是，旅游目的地各个方面资源是有限的，受众接受信息也是有一定规律的，旅游目的地整体旅游形象传播应当确定传播重点。在旅游目的地旅游形象的各方面信息中，应有所选择；在传播区域上，也应在顾及面的同时突出重点，寻求以点带面；在媒介与传播手段选择上，应当将重点媒介与一般媒介、主要手段与次要手段相结合；在传播时间上，应根据季节、阶段的不同采取不同的频率，如此等。旅游目的地旅游形象传播战略应在各个方面的重点计划中加以充分体现。

第五，确定形象传播战略步骤。旅游目的地旅游形象战略一旦确定就要求具有一定的稳定性。战略总目标不是在短时间内就可以实现的，必须经过若干阶段，每一个阶段都有其特定的战略任务，通过完成各个阶段的战略任务就可以最终实现战略总目标。旅游形象战略总目标的每个阶段既具有独立性，又具有相关性，前一阶段是后一阶段的基础，后一阶段是前一阶段的继续和发展。只有把战略总目标进行科学的阶段划分，并将各阶段有机地联系起来，才能顺利实现旅游目的地旅游形象传播战略总目标。

4. 特定旅游事件的传播

特定旅游事件的传播对旅游目的地的发展起着举足轻重的作用。把握好旅游目的地特定旅游事件的传播能起到积极的宣传作用，从而扩大影响，促进旅游目的地旅游业的发展。否则，会影响整个旅游目的地旅游业的发展，甚至使整个旅游目的地的旅游业陷入瘫痪状态。

（1）事件旅游的概念

事件旅游也称为“节事、事件旅游”，是利用相关事件活动来吸引旅游者。最早由美国布而斯 1961 年在撰写《幻象》（*The Image*：*A Guide to Pseudo-Event in American*）一书中提出。它包括了体育旅游、各种仪式、节庆旅游、会展旅游等。目前关于事件旅游的研究比较多，国际上关于事件旅游的书籍就有 40 多本，与事件旅游相关的文献有 6000 多篇。国际事件专业学术刊物《事件管理》（*Event Management*）的前身就是《节日管理和事件旅游》（*Festival Management & Event Tourism*）。

在我国，1993 年中山大学教授保继刚先生最先提出事件旅游的概念，目前我国的事件旅游的研究主要集中在节庆、体育和会展旅游方面。①

（2）特定旅游事件的传播特点

特定旅游事件是指状况紧急的情形，这种情形可能会极大地危及当地旅游业的声誉和发展。特定旅游事件传播是指在旅游行业发生关键事件的信息，在经过各种媒体的传播而被大众所知的过程。一般情况下，这个事件会在公众中引起广泛的重视和交流。特定的旅游事件的传播与普通的传播方式有所不同，它形成了一种独特的传播系统，因为旅游事件的特定因素会干扰传播过程，导致其具备了一些特殊的特点。

其一，特定旅游事件传播是相关混乱符号和不确定意义的共享过程。在特定旅游事件的传播中，传播渠道和传播媒介之间相混淆，这是一个明显的特征。此外，组织和相关利益方在选择、编码和解码符号时也会面临困难。在某些情况下，一些知名的旅游胜地可能受到特定旅游事件传播的影响，一些权威的媒体机构也许会被视为谋取利益的工具。

特定旅游事件的传播复杂度也因为事件的不确定性而变得更加复杂。因为组织和利益相关者的共识被破坏，所以事件的准确性和真实性受到了质疑，这就会出现误解的情况。

---

① 贺晖，熊健．现代旅游传播学 [M]．长沙：湖南科学技术出版社，2008．

当符号被不当的使用时，会引发一系列问题，这些问题相互作用，就会带来混乱和不确定性，会影响传播结构和传播系统的正常运行。

其二，特定旅游事件传播是信息传播主体与客体非秩序化复杂互动的过程。旅游目的地的利益相关者具有多样化和分散化的特点。他们互相影响，但彼此之间互不联系，难以确定其具体位置。利益相关者跟一个组织相对比时，组织的存在是显而易见的，因此该组织有着更大的自主选择权，可以决定以积极或消极、参与或退出、鼓励或从众的方式来传达信息。

不同群体的利益相关者与组织之间，存在着复杂的互动关系，这种关系可能强或弱、明或暗的关系。在主客体角色转换的过程中，个人和集体都会以自身的利益和观点为出发点，通过多种渠道传达各种意义，这就构成了一个与常规信息传播领域明显不同的领域。在这个情况下，原有的信息传播规律、信息流动路径以及环境的作用方式都已经失效或被抛弃。

其三，特定旅游事件传播是一个失衡的信息系统，是各种信息碎片的杂合体。在某些特定的旅游事件传播中，基于某种特殊的结构方式进行的传播系统会出现不稳定的情况。当传播系统的结构和秩序发生变化时，会影响内、外部能量的输出，从而导致系统发生崩溃。前面的信息传递方式由于存在大量不可靠以及难以集合的信息片段而变得杂乱无序，且整个传播系统的稳定性面临着崩溃、分裂的威胁。

所有特定旅游事件传播的一个基本特征是传播系统的易损性，这也是需要特定旅游事件管理解决的核心问题之一。这一点也得到了系统的理论研究结果的证实。研究者们指出，社会系统要达到协调的运转，必须满足一些基本条件。有些旅游事件的传播方式没有遵从基本原则，这导致了旅游目的地和相关利益方的合作体系的扭曲。

（3）特定旅游事件的传播要素

特定旅游事件的传播具备特殊的构成要素，分为四个部分：核心要素、次级要素、边缘要素、噪声要素。它们构成了特定的旅游事件传播系统，存在于旅游目的地和利益相关者之间的传播过程和传播环境中，该系统十分复杂。

①核心要素。所谓核心要素就是指特定旅游事件传播系统中最基本的要素，也就是拉斯韦尔提出的所有传播形态的五个共同要素：谁（传播者）、说什么（内容）、通过什么渠道（媒介）、对谁（受传者）、取得什么效果（效果）。

②次级要素。特定旅游事件的次级要素包括：信息来源（指现实情况、事件或导火索）、信息传播形式（例如编码或符号使用方法）、传播策略和技巧、参与

者角色（例如决策者、咨询者、把关人、中介人等）、传播对象的理解方式，以及反馈方式和行为。

③边缘要素。特定旅游事件传播系统的边缘因素是指那些与整个特定旅游事件传播过程有关的、但不属于其核心部分的因素。这些因素包括参与者的利益和价值观、传播发生的地点和环境、传播受限的机制和规定，以及传播信息双方的角色和认同等方面。

④噪声要素。所有会妨碍有用信息有效传递的障碍和额外信息，可被称为干扰要素或噪声要素，对于特定旅游事件的信息传播系统尤其如此。这些因素包括产生噪声的源头（即噪源）、噪声对环境产生的影响方式（即干扰方式）、噪声是由人为因素还是自然因素产生的（即噪声来源分类），以及噪声对某些内容或步骤产生的影响（即影响对象），有些噪声并不一定有害，甚至可以被利用（利用噪声）。

这四个要素构成了探究特定旅游事件传播环境的基本结构。我们可以通过分析和评价特定旅游事件的传播情况来阐明事实，避免事件模糊不清。这就是将不确定的情况转化为明确的过程。海外的一些学者结合旅游目的地的实际情况，将核心、次级、边缘和噪声四个方面的要素结合在一起，提出了一系列问题并给出了对应的解决方案，以作为特定旅游事件的预警和管理工具。

（4）特定旅游事件的传播链

特定旅游事件的传播方式也是由多个主体和客体在互动中形成的信息传递链条，这与其他传播形式类似。深入了解和熟练掌握旅游事件传播方式的各个环节，对于明确特定旅游事件的传播方式，并采取必要的管理措施，具有重要的理论和实践意义。总体来看，特定旅游事件的传播途径可以归纳为以下几种类别。

①线性链条传播。线性链条是一种特殊的旅游事件传播方式，类似于一条铁链，每一环相连结成一条直线链条。通常情况下，在某个旅游事件刚开始时，线性传播具有重要作用。最初的蓝本源于一些人在特定旅游事件中的信息交流互动，这些信息以多种形式和内容传递开来，推动了该事件的全面爆发。

②树状链条传播。树状传播是指一些信息拥有者最初掌握了特定旅游事件的信息，随后他们将这些信息传递给其他人，其他人再将信息广泛传播给更多的人。这种广泛分支延伸的传播方式促进了特定旅游活动信息的迅速传播和扩散，造成了一个相对复杂的特定旅游活动传播环境。

③放射链条传播。放射链式传播是指在某个特定的旅游事件中，信息持有者将其传递给更广泛的接收者群体，类似于光线普及到可触及的物体一样。当一个

特定的旅游事件被大众媒体报道后，相关信息开始在周围广泛传播，呈现出快速而普遍的趋势。

④旋涡形复式传播。在特定旅游事件的传播过程中，不仅涉及群体之间的多种沟通方式，还包括大众媒体和互联网的传播。信息在多个来源和多种渠道的加工和传递中交织融合，形成复杂多变、难以穿越的传播漩涡。这样复杂的特定旅游事件传播链，就像互相缠绕着的藤蔓，让人们难以自拔，每一步都异常艰难且充满风险，稍有大意就会陷入危机。

其他传播方式与特定旅游事件传播的上述四种方式，在本质上所依赖的机制是相似的。这些机制的差异在于，特定的旅游事件的传播媒介对它们的影响，从而明显改变了信息传播的速度和范围。这些变化汇聚到一起就会产生强大的舆论力量，对旅游目的地的生态环境和社会环境造成影响，从细微影响到最广泛的影响逐渐显现。产生这种舆论力量的原因并不限于单一的传播方式，而是多种不同的传播途径综合作用导致的结果。

（5）特定旅游事件的传播媒介管理

从一般的意义上而言，将媒体管理纳入特定旅游事件管理体系是旅游业平稳发展的新要求。规避媒体传播对特定旅游事件处理所产生的负面影响是基本要求，而利用媒体传播促进特定旅游事件的顺利解决、发挥其正面作用是更高的要求。在旅游目的地特定旅游事件管理中除了在语言和文字上面对媒体采访和提问进行规范外，还可以采取一些其他措施。

首先，在旅游目的地的旅游企业和政府宣传营销部门中增设一个专门负责媒体协调管理的部门或职位。该机构需与其他机构和部门保持紧密联系，担任企业或政府在旅游事件期间的代言人，并接受媒体的例行采访和提问。此外，它需要安排新闻发布会和媒体接待会，并在必要时安排高级管理人员或领导代表回答问题。

其次，要主动与媒体建立长期友好关系，积极向他们提供信息。可以在维护企业、政府权益的基础上，适度考虑满足媒体采访和报道的需求。这么做旨在确保媒体报道旅游企业和政府机构相关事宜时更具全面性，避免偏颇或不实情况的发生。确保在发生特定旅游相关事件时，能够与媒体迅速和准确地沟通。此举不仅节省时间，还可优先掌握解决特定旅游事件所需的舆论主导地位，创造良好的社会环境以帮助问题的解决。

最后，一旦特定旅游事件爆发，应及时了解不利于特定旅游事件处理的媒体信息，同时更为主动地联系媒体，发表自身的观点和看法。旅游企业和政府尤其需要避免出现负面信息的“舆论共振”，因为此时的舆论通常是偏激的，而信息受众也暂时丧失了基本的判断力，可能对旅游目的地的形象造成毁灭性的影响。换一个角度说，虽然会出现舆论共振，但也有媒体乐意传播“热点”和“冰点”，因为“逆反心理”是受众普遍想看到的，这就为旅游的特定旅游事件者传出不同的声音提供了空间。

（三）旅游文化传播中的符号

在旅游文化的人际传播与大众传播中，旅游者与东道主的交流除了以直接的语言符号和非语言符号中的体态语、时空距离、服饰、触摸和副语言进行外，旅游目的地还要以旅游地的物化、活动化和程式化的非语言符号作为信息的载体与旅游者进行沟通。虽然这种交流与沟通有时候仅仅是思想上和文化上的，但是这是一种有效传播旅游文化的方式。物化、活动化和程式化的非语言符号主要包括旅游地的标志系统、人文建筑、纪念品、音乐和民族仪式等。

物化、活动化和程式化的非语言符号可以分为视觉性非语言符号和听觉性非语言符号。视觉性非语言符号是通过旅游区域的可视物表现出来的，是区域旅游文化的具体化、可视化的传达方式。旅游文化需要通过一定方式，把抽象的旅游理念加以形象化、视觉化，构建直观、可视的形式来和旅游者或潜在旅游者进行传播和沟通。这些形式主要有标志系统、人文建筑、纪念品等。例如北京旅游用长城和天坛为其标识，桂林旅游以象鼻山为标志，上海以东方明珠塔为其标志，莫斯科的城市地标为克里姆林宫和红场。这些标志不管是取自古代文化，还是取自某一旅游景观，都代表了区域旅游文化理念。听觉性非语言符号则是以声音的形式对旅游地的文化进行传播，这种声音符号不是语言符号，它是在引起人的通感后形成的对旅游目的地文化的感知，从而使人在精神上领略旅游地文化。听觉性非语言符号主要是旅游地标志性的音乐，如充满浓郁藏族风情的《喜马拉雅》就会使游客的思绪萦绕在青藏高原辽阔、旷远的雪山和群峰之间。

1. 建筑符号

（1）建筑符号的内涵

建筑是人类为改善自然环境而进行的一种物质创造，其范围涵盖城市、村庄、房屋、陵墓、园林、纪念碑等，以及与自然景观相互联系而形成的周边环境。虽然建筑是以物质形式呈现的，但它能够深刻表达人类的思想与情感。

建筑创造了生存和活动的场所，同时向人们传递生活和审美方式、文化特征，甚至承载特定事件的信息。有人认为，建筑是石材所蕴含的历史记忆，或者说是历史通过固态化变成的形式呈现。这表示建筑是一种能够传递信息的工具，同时也是一种承载着特定含义的符号。建筑有助于协调社会思想以及建立社会联系。根据王世仁的观点，建筑是一种极具具体表现历史和时代特征的艺术形式。建筑既是工程技术，又是造型艺术，更是物化了的社会结构、生活方式、规章制度、美学时尚。①

语言学家索绪尔认为，作为语言的符号应当解释为由能指和所指构成的统一体。“能指”是指语言符号的“音响形象”，“所指”是指符号表示的概念。语言是用声音表达思想的符号系统。“语言符号连接的不是事物和名称，而是概念和音响形象。后者不是物质的声音，也不是纯粹的物理的东西，而是这声音的心理印迹，我们的感觉给我们带来的声音表象。”② 实际上，索绪尔把符号分为“所指”和“能指”的方法不仅可用于分析语言符号，还可以用在分析非语言符号上。索绪尔的学生叶尔姆斯列夫（Hjelmslev）是丹麦语符学派的代表人物，他用了更通常的词语“表达”和“内容”来代替索绪尔的能指和所指，将之称为“表达面”和“内容面”。现代符号学代表人物皮尔斯在分析符号的结构时，考虑到了人对符号的认识，他认为，符号是由符号形体、符号对象和符号解释这三个元素相互联系构成的三元关系，这是符号的本质特征。皮尔斯符号理论的核心理念在于符号能够在解释者的心中表示对象或表达事物。③ 人是符号的使用者，人用符号来表达他们的思想和观念，也就是说人类的文化是由符号来表现的，特定的符号是特定文化的载体。建筑符号是一种特殊的符号系统，其意义与其物理形态相辅相成，具有建筑符号特有的外观和形态。建筑符号的意义和内容体现在每个建筑物所代表的文化信仰和价值观等方面。

建筑符号的形体（即建筑文化的物质层面），是人类物化劳动的直接体现。该内容分为两个主要方面：一方面是对各种建筑实用功能的考虑，如简便、舒适、牢固、经济等，这些功能在生活方式和生产方式的不断发展中逐渐改进和提升。另一方面是与建筑工程相关的技术，包括结构、材料、设备、能源等，这些技术在科技不断进步的背景下不断发展。这两个方面都非常有生命力，可以清晰地看出它们的水平高低。一个国家或一个民族的建筑文化在不断更新的同时，能否得以保持发展，是其建筑文化的健康状态的重要象征。社会生产的不断进步往往与

① 王世仁．“雪泥鸿爪话宣南”之近世大观 [J]. 北京规划建设，1999（04）：51—54.

② 索绪尔．普通语言学教程 [M]. 高名凯，译．北京：商务印书馆，1980.

③ 黄华新．符号学导论 [M]. 郑州：河南人民出版社，2004.

物质层面的发展密不可分，在这种情况下，物质层面的变化表现出最为明显、最具时代特征和多变的特点。

可以肯定的是，建筑符号的造型包含了特定的意义，建筑符号的意义具有明显的文化学特征。我们根据建筑所表现的文化特征，把建筑符号分为几种类型：体现生活方式的符号、体现传统的意念和信仰的符号、体现人类社会经济和政治生活的符号、体现人类心理动机和美学观念的符号等。

①体现人类生活方式的符号。建筑的主要功能是给人们提供活动空间。不同的地理和气候条件下，人们的工作方式、生活习惯不同，对居住条件的要求等也会不同。这些要求可以通过建筑体现出来。如在我国由于南北气候的不同，人们的生活方式不同，在建筑上也体现出不同的特征。我国北方冬季气候寒冷，寒风凛冽，因而建筑物的墙壁很厚，屋顶也都厚重坚实，的朝向也大都是采用正南、正北的方向，以便于冬季阳光射入室内。相反，南方因夏季多雨，气候炎热，屋檐多伸出很长，门窗相互对应，以利通风。而在海南黎族居住地区，居民为了防御野兽侵袭，增加空气流通，减少瘴气对人体的侵害，创造了下部架空的干栏式住宅（高脚船形屋）的建筑。

②体现传统的意念和信仰的符号。建筑历史表明了建筑的符号体系与传统的意念和信仰有关，例如建筑物的雕塑和装饰等都会受到建造者信仰的影响。中国古代在宗教方面具有兼收并蓄的特点。东汉初期佛教自印度传入后，对我国建筑的发展起了极大的推动作用，不仅丰富了建筑技巧，并且扩大了建筑的范畴。佛寺、佛塔、石窟、摩崖造像以及壁画等，无一不是由于佛教的传入而产生的。

如我国河南地区，北魏以后，随着佛教的兴盛，开凿了洛阳龙门、巩义、安阳等大型石窟和60多处中小型石窟，其中龙门石窟成为举世闻名的三大石刻艺术宝库之一。隋唐以后，河南的寺院出现了规模宏大的“塔林”，其中少林寺塔林和安阳宝山塔林都集中了两百多座古塔，是国内规模最大的两种不同类型的塔林。这些石窟和寺院塔林反映了当时的佛教文化，是研究我国古代佛教和建筑的重要资料。

③体现人类社会经济和政治生活的符号。从城市与建筑的发展，可以看到一个国家、一座城市的社会经济和政治生活状况，其经济及政治的各种政策与措施，城市规划的指导思想都会反映在城市建筑中。从这个意义上说，任何城市的建筑都可以作为社会经济与社会政治的符号来解读。

在数千年漫长的封建统治下，我国形成了严格的阶级制度，也形成了各种建筑定制。对于都市规划，从士大夫的府第到庶民百姓的住宅都有严格的规定，从而形成了中国封建社会建筑的一大特点："谁家起甲第，朱门大道旁"，只有贵族大官的府邸才能临街开门。住宅的名称按等级分别称为府、邸、第、宅、家。各等人住宅的间架高度及屋顶彩画装饰等，都有不同的规定。

④体现人类心理动机的符号。人类的心理动机有时是明显的，但是大多数时候都隐藏在形式的背后。在建筑符号中，人类的心理动机主要是通过各种隐喻和象征手法来体现的。心理机制是建筑文化的关键因素之一，它对于限制人类心智与物质结合的程度起到了重要的保护作用，同时也是文化类型的核心所在。

一般来说，人们的文化背景和心理特征密切相关，因此，人们的直觉和审美体验也会反映出特定的文化特点。拥有悠久文化传统的人们，会显现出更为鲜明的民族意识。例如，中国建筑中的整体环境观和独特的空间序列观，都被中华民族的心理逻辑和韵律所影响。由于民族心理机制是长期累积的，因此很难在短时间内通过外部力量从根本上改变它。由于不同的历史背景和文化传统，全球各民族在心理层面的保留程度和稳定性也各不相同。对于一个有着悠久历史的民族，如中华民族，其心理层面中的物质文化及建筑文化有很强的民族特色。

⑤体现美学观念的符号。建筑艺术的共同审美价值可以归结为平衡和对比这两个价值，这与其他艺术形式的情况是一致的。优美表现在和谐之美中，壮美则体现在对抗之美中。建筑师在设计宫殿、坛庙、陵墓、寺院等具有纪念功能的建筑时，主要关注其功能的要素，如高度、厚度、沉重感、深度、对比、强烈和深沉等。这些要素有助于引起人们的情感共鸣，激发人们内心的情感。这类建筑的审美价值体现在其阳刚气息的华丽壮观中，会令人热血沸腾。建筑设计通常会考虑到实用因素，如大小是否合适、外形是否流畅等，这些因素能够带给人们舒适与美妙的感受，凸显建筑所体现的和谐之美，也称阴柔之美。艺术作品的典型性与审美价值成正比，而这种典型性能够在各个民族和时代中的作品中以对抗之美或和谐之美的形式得到体现。

当然，美学符号的含义通常不太明确。在社会和文化界，特别是在艺术领域，有很多没有明确规定或固定规律的结构存在。尤其是现代派艺术品，它们显然是一种表达，即具备一种对应的内涵。然而，表达方式和内容之间的联系并不明确，甚至有时难以建立直接的关联。这种不确定性使编码和解码之间的关系变得模糊。然而，如果我们经过一段时间的共同约定，在较为稳定的情况下，或许可以建立起表达和内容之间的相互联系。不过，艺术的创新性会一直考验平衡，使得确立表达和内容之间的关联变得更加困难。正是因为美学符号的含义不确定性，才使得读者能够参与到符号的创造中来。

如1978年英国著名的建筑师斯特林设计了被称为后现代建筑的经典之作——斯图加特新美术馆，宣称割断了“和谐、完整、统一”这条古老的美学尾巴。他以1828年建立的柏林老馆为原型，采用“日”字形平面布局、中央的圆形空间与柏林老馆的中央圆厅相对应。斯图加特新美术馆的中央圆形空间没有顶。人们进入这个空间，会联想到古罗马的斗兽场。建筑师用具有古典意味的石料砌成大墙，大石块的划分显得封闭而深重。展室部分有一条屋檐，形状为简单的凹形，散发出古埃及神庙的味道。所有的这一切将许多矛盾的东西巧妙地集中在一起。对于这种建筑风格，有人评价说，一眼望去，古埃及的、古罗马的、辛克尔的、柯布西耶的……种种符号杂然并陈，好几种不同语言同时发来信息，面前好像是一个什锦拼盘，挺吸引人的，但一下子不容易分辨它们的味道。而斯特林声称它有表现性，同时又具有抽象性；它是一个新东西，但同时又有老风格；在选用古老的建筑语言的同时，也运用“与现代建筑运动有关系，源自立体主义、构成主义、风格派和所有新建筑流派的语言”。[①] 后现代建筑的隐喻式表达，会使作者的表达层面和观赏者理解的内容层面出现不对接的情况，从而使观察者对作品产生更多的联想和思考。

（2）建筑符号的编码和译码

20世纪50年代，西欧、美洲、日本的建筑理论家们把符号学概念引入建筑，感到建筑本身都含有某种“意义”，而这种意义又作用于人，然后由人做出反应。

美国行为语义学家莫里斯明确提出了符号学的三个层次，后被广泛采用。莫里斯的三个层次是：语用学层次、语义学层次和句法学层次。语用学又称语言实用学或符构学，研究语言符号以及语言符号使用者和环境之间的结构关系。涉及说话人的心理、听话人的反应、话语的社会情境与语言情境、话语的分类和对象等许多与语言的应用过程有关的内容。语义学又称符义学，是一门研究语言意义的学科，研究语言符号与它所代表的对象之间的结构关系以及语言的内涵和外延，即符号代表含义的方式。句法学又称符用学或符号关系学，研究的是语言符号之间的结构关系。莫里斯认为，这三个层次是相互联系、互为条件的。

传播学把信息的传播划分为三个阶段，即编码、译码和释码。这三个阶段实际上是和符号学的三个层次相对应的。在信息传播中，编码是将所要传达的信息

① 钱正坤．世界建筑风格史[M]．上海：上海交通大学出版社，2005.

转化为特定的符号系统的过程。如果想要把思想和情感传达给别人，传达者需要将其转换成文字、声音、面部表情、体态等多种符号，以便让其他人通过各种感官感受到这些信息。解码是指对接收到的符号进行反向转化，从而恢复原始信息的过程。对信息进行解码是指理解它的含义。因此，编码者需要在选用符号和组织符号的过程中，考虑语形和语义的问题。这样才能保证传达的意义准确无误，且受传者能够正确理解。

在传播过程中，传播者主要是借助于空间设计、构造表层、表现形式和象征对建筑符号进行编码，对文化进行传播。旅游者在旅游观赏中要了解这些建筑符号的编码手法，才可以清楚地理解这些建筑符号的内在文化。

其一，空间布局设计。空间布局设计手法是十分古老的表现形式，人们对建筑的认知源是建筑的实体存在。从古希腊、古罗马到文艺复兴时期的建筑，空间构成是建筑师最为关注的主题。

中国古典园林最典型的代表是文人园林，融入了文人对自然生活的向往。它们面积虽小，但布局却如吟诗作画，曲折有法，用人类工具创造出自然界的万种风情，使人犹如身处山野，隔绝尘嚣，别有天地。这些园林或以水取胜，令人如置身清潭碧流之上；或以山石胜，令人如置身深谷幽邃之间；或以花木胜，令人如置身茂林芳丛之中。如苏州拙政园透过小飞虹廊桥，使远处景观显得幽深不尽。又如无锡寄畅园八音涧，流水击石，使人仿佛置身于自然山水间，其清新可爱的自然之美具有非常强的艺术感染力。

其二，构造表层。构造表层所具有的含意并非建筑的深层含意，这一层面的意义主要是由室内装修设计和室内陈设设计所展现的，例如家具、灯具、雕塑、绘画、室内陈设等。构造表层符号的多种多样的分行层次，诸如韵律、色彩、质感、比例、尺寸等，具有丰富的表现能力，可以传达更深层次的文化信息。

被称为“民居奇观”的中外闻名的福建土楼，是我国古代的民居建筑。这些建筑有方形、圆形，其中圆形土楼（又称圆楼）的设计更加巧妙。圆楼用生土夯筑而成，高达数十米，形如堡垒，或矗立在山岭溪谷，或掩映在茂林翠竹之中。现存圆楼外围直径小者五六十米，大者八九十米。以建于清中叶的福建永定承启楼为例，外围直径约 62 米，里面用三层环形房屋相套，共有房屋 300 多间，最外一环高四层，底层为厨房和杂物间，第二层储存粮食，第三层以上住人，中心一环为单层的堂屋，是族人议事、举行婚丧典礼和其他公共活动的场所。圆楼建筑具有许多防卫设施，这些都是因为长期战乱而形成的。这种结构的土楼，功能明确，体现了这些地方的民族凝聚力。

其三，建筑外形的表现。建筑外形的点、线、面和体型的不同设置，形成了建筑的不同造型。建筑造型应根据不同的要求对点、状、形作出处理。建筑的体型有直线体型（如立方体、长方体）、曲线体型（如球体）、中间体型（如中空圆柱、圆锥体）、自由体型（如自然风景要素的形体）等。

随着建筑技术的发展，传统意义上的建筑形式受到冲击，建筑师们为摆脱自我封闭的形式主义，开始运用各种设计手段来表现时代，对传统观念进行前所未有的改造。因此，建筑外形表现的符号会长期处于不断调整与变化之中。

其四，寓以象征意义。建筑的形象与象征的内容有某种形式的联系。它主要是通过模拟某些事物的外在或内在的特征来显示其意义内涵的，同时也借助其他附属工艺（如绘画、雕塑、陈设）的具体形式加以表现。如古埃及人建造的金字塔，为体现法老的至高无上竭力增大建筑体量，同时在形象的处理上赋予它自然力的象征。古埃及人认为高山、长河、大漠是神圣的，而法老是自然之神，法老长眠的金字塔就应该显示出山河、大漠的特征。我国也有很多建筑都采用了象征方法，如汉代建筑中常出现的“四神”形象：青龙、白虎、朱雀、玄武，它们既象征东、西、南、北四个方位，又象征春、夏、秋、冬四季，在汉墓中这一组形象通常用来象征方位和宇宙。北京的天坛就采用大量的圆形符号，以表示“天圆地方”的传统观念，并用奇数来象征天为阳，用4根内柱象征四季，用12根中柱象征12个月和12个时辰。

旅游者在旅游中对旅游地建筑的观赏，是对建筑符号进行译码和释码的过程；是对旅游地建筑符号的意义进行解读，并展开自己丰富的联想，进行审美的过程。

建筑时刻在向人发出信息。只要见到它、接触它，就必然会受到它的影响（主要是精神上的影响）。这些信息被人接受的程度因人而异，不同时代、不同国家、不同民族、不同心情的人，对于相同信息都会作出不同的反馈和不同的评价。究其原因，每一个人对于建筑所发出的信息的解读程度并不一致，一个内行人与外行人所作出的反应也不一样。如阅读同一本书，阅读者所理解的深度和接受的程度也是因人而异的。有的艺术作品能很快被人们接受，是因为它发出的信息符号早已存在于人的思想中，被人熟知，一旦接触之后，便迅速与人的思想中已存在的“信码”发生联系，并被很快接受。由此可见，任何实体要想被人接受，首先应被接受者了解。此外，从符号的实用性来看，艺术信息还应借助于重复使用，或者通过与熟悉的信码或征象相关联，这样才有助于传达它所要表达的信息。对于建筑符号来说，信号仅表达出具体的功能是不全面的，还要表达出其更抽象的概念以及整体的价值意义。要表现价值意义，就产生了如何表现、如何能被人所理解和接受的问题。当人们接受之后又会如何反应？如何评价？这些问题都有助于我们开拓思路、启发灵感，促成更多被人理解、喜爱的作品。

2. 雕塑符号

雕塑是通过自然元素，比如泥土、金属、石头和木材等原材料，塑造出一种具有体现艺术形象的能表达深刻感情的，通过占有三度空间的结构方式来呈现的造型艺术。

根据其用途和外观，雕塑可分为纪念雕塑、主题雕塑和装饰雕塑。城市雕塑可以采用不同的艺术手法、主题和风格进行设计，例如使用圆雕或浮雕技法，采用写实或抽象主义风格，可以根据需要进行自由搭配。杰出的城市雕塑都具备精神上和跨越民族界限的特性，同时也是所在地文化的象征。我国著名雕刻家刘开渠先生曾指出："现代城市标志雕塑是城市文化的一个重要组成部分，也是城市文化水平的一个象征，它对城市面貌的美化可以起画龙点睛的作用并且具有其他艺术形式难以替代的独特功能。屹立街头、广场、园林建筑物中的硬质材料的圆雕或浮雕，不分季节、不论昼夜，总是默默地散发出艺术的光华。它既可以歌颂革命业绩，纪念历史人物，宣扬民族文化，反映时代精神；又可以装饰环境，美化和丰富人们的精神生活，且以美的形象陶冶人们的思想情操。好的现代城市标志雕塑往往成为一个国家、一座城市的标记。它既为当代服务又为未来的历史时代留下不易磨灭的足迹。"①

城市雕塑作为一种传递信息和思想观念的符号，其主要功能有传递信息、文化沟通和精神同构。城市雕塑首先有传递信息的作用，它通过实体形象向公众传递某种信息。通过传递信息，认知主体领会信息的文化内涵，达成与创作者在文化上的沟通。城市雕塑就实现了与公众的文化沟通和对话。认知主体的参与，对城市雕塑所蕴含的文化在深刻理解的基础上内化为自我知识系统的一部分，只要一看到雕塑形象，便马上能引起联想，达成精神上的统一。如每当看到丹麦哥本哈根街头在绿荫下静坐的安徒生雕像，人们都会联想起他那丰富多彩、寓意深邃的童话故事。当人们在伦敦莱斯特广场上看到一座"一个使所有的人都享受到欢乐的人"的雕像时，一眼就能看出他是多才多艺的卓别林，进而在脑海里播放他演出的许多剧目，使观赏者为之雀跃。

城市雕塑传播旅游地文化主要有如下特点。

其一，城市雕塑是人类精神文明历史留下的足迹。旅游目的地的城市雕塑反

① 潘锋．城市标志雕塑的再创造研究[D]．武汉：武汉理工大学，2005.

映了当地的社会文化，体现了作者所处时代的精神，记载了人类文明史，是雕塑家与建筑师们充分认识社会和文化的成果。城市雕塑是基于特定的因素和意义来设计的，作为历史文化的载体和符号，它们表现了特定的人物和事件，并特别强调了地点的特殊性。以“海的女儿”为主题，根据安徒生童话创作的美人鱼雕塑位于哥本哈根海滨，它不仅具有历史和文化的联系，还是艺术审美的产物。这座雕塑为该旅游点的沿海公园增添了美感。此外，在罗马城中有一件雕塑形象是“母狼哺乳婴儿”，它的灵感来自一则古老的传说。传闻在约两千年前，一位皇帝离世后，留下了一对双胞胎。可惜的是，这对孩子被一个贪图权力的奸臣拐卖至荒野之中。一只母狼抚育着他们，最终双胞胎中的罗穆路在公元前 752 年建立了罗马城。许多杰出的纪念碑雕塑生动地呈现了一个国家和民族高尚的信念和漫长历史的发展。这些作品不仅能够传达该民族的历史，还能够让人深刻领悟现实生活的内涵。在特定场所展示雕塑不仅是艺术的体现，更是文化传承的象征。它能够潜移默化地影响人们的精神世界。雕塑艺术的卓越水平代表着一个国家、民族、城市的形象，同时也是全世界人类共享的珍贵文化遗产。

其二，城市雕塑具有建筑感。城市雕塑是一座“建筑物”，它有力学和结构等技术方面的要求，需要具有一种稳定的形态和构图。它也是通过一定的艺术造型展示特定的符号意义的。矗立于美国纽约港入口处的自由岛的雕塑——自由女神，她的左手握着美国《独立宣言》，上面刻着的发表日期，标志着美国摆脱殖民统治的时间。女神的右手高举火炬，代表着自由的精神。残留在脚上的被破坏的锁链，象征着暴政统治已经被粉碎。这件作品之所以成为美国著名的代表性雕塑，是因为它巧妙地应用了建筑构图，呈现了丰富的思想内涵。

其三，城市雕塑符号要重视空间的意义。创作城市雕塑时必须正视环境约束性的现实。城市雕塑的符号意义是受一定语境限制的，理解城市雕塑，就要把它放到具体的语境中来思考，才能得到符号的正确解码。当然，仅凭雕塑的单独存在，难以营造出完整的环境氛围。在设计雕塑作品时，艺术家需要综合考虑环境因素，并将周围元素融入作品中，以达到内部特质与外部环境相互呼应的效果。这样可以让观众自然接受作品存在，并产生足够的心理期待。根据某些学者的看法，雕塑家需要先制作小型模型，并且亲自到现场考察，因为环境的变化可能会对比例产生影响，仅仅依靠图纸是不够的。因此，城市规划和布局中需要考虑城市雕塑的重要性，它是城市环境中不可或缺的景观元素之一。

当然，城市雕塑的语境约束，除了有显在的城市空间外，同时还有潜在的城市空间。这种潜在空间也非常重要，它体现了当地人们的心理要求和城市历史文化的要求。城市的地域文化差异从根本上说就是城市潜在空间的差异，反映在人的认知上来说就是生活在这个空间中的人们的心理空间的差异。

每个城市都有其独特的空间特征。城市性格和空间性格是语义相近的概念，它们与城市的地理位置紧密相连，同时也受到许多综合因素如经济、政治和文化等的制约和影响。因此，每个城市的雕塑都应该作为城市特色的一部分。

其四，城市雕塑的大众化。城市雕塑是设立于公共场所，作为社会公共资源供社会公众共同享有并任由社会公众自由介入、参与和观赏的艺术。这种艺术包括多样介质构成的艺术性景观、设施和其他公开展示的艺术形式，这种艺术情感体现了广泛共识下的社会责任感和对公共利益的尊重，也反映了社会大众的意志和精神追求。因此，城市雕塑符号需要恰当地融合抽象性与具象性，既要有一定的艺术性，又要能够贴近人民的思想情感，以便更好地传递文化的力量；也不能过于奇特，使人们只关注罕见的物品，而无法对雕塑符号进行解码。

3. 纪念品符号

旅游纪念品指的是游客为了留念旅游活动而购置的特色文化物品。作为某地文化的代表，旅游纪念品是一种标志物，能够展示该地的特色和品味，成为文化特征的象征。因此可以表述为旅游纪念品本质上代表着旅游的意义。旅行者期望购买的纪念品应当真实地呈现当地卓越的文化，体现出当地高水准的文化美学。他们买旅行纪念品的目的不仅限于保留旅行记忆或实用用途，更主要的是追求精神上的高级享受。因此，为了使纪念品更具有吸引力，必须注重其文化价值，包括丰富的精神内涵和文化基础。这个物品需要综合实用、装饰、欣赏、纪念、便捷、地域和情感等多方面的因素。

鲍德里亚（Baudrillard）认为，现代商品除了交换价值和使用价值之外，还有第三种价值：象征价值。旅游纪念品符号，更多的是旅游者的旅游过程的象征。旅游纪念品作为文化符号的象征意义，主要体现在以下几个方面。①

第一，旅游纪念品是地域文化的标志。旅游纪念品应该能真正反映出景点、景区的历史和地理等文化特征。旅游纪念品也有外在的造型，其精致的包装和图案都是吸引旅游者的因素，但是旅游纪念品在制作过程中被深深打上了旅游地的文化印记，是制作人思想观念、宗教信仰以及风俗民俗等文化的投影，是对旅游地文化的再现。旅游商品的吸引力主要在于它具备了一定的地方特色、民族特色、纪念性和送礼的特征，因此吸引了不少来自其他地区（尤其是其他文化区）的旅

① 卿志军. 旅游文化传播学研究[M]. 成都：四川大学出版社，2009.

游者购买，这种吸引力并不仅仅体现了价格上的优势，更体现了对地域文化的积淀和传承，旅游商品的开发和生产应该注重这些方面。实践结果表明，那些具有明显艺术特色和高文化品位的纪念品通常更受欢迎，因此它们的价格也随之上升。我国的领土十分广袤，其中包含着 56 个多样化的民族群体。这些地区和族群各自拥有独特的文化积淀，为开发具有民族特色的旅游纪念品提供了丰厚的资源基础。在贵州，木瓢艺术和陶土面具艺术依靠古老的原始宗教文化得以诞生，其独特神秘之处广受称赞。这些艺术品受到了国内外博物馆的欣赏，同时也是旅游者喜欢购买的纪念品。我国的象牙雕刻，是世界上许多国家和民族喜爱的传统旅游纪念品，有着悠久的历史。从中国经东南亚到非洲乃至美国，都流传有这种工艺。

第二，作为旅行纪念。旅游者在旅游景区购买旅游纪念品的真正动机往往不是生活所需，而是看重了旅游纪念品的纪念意义。旅游纪念品作为旅游者一种纪念旅游过程的符号，它所代表的就是留下旅游过程中的美好记忆。目前国内游客购买旅游商品很大程度上均出于其纪念意义。旅游者到旅游景区的旅游是一次精神放松的过程，在这种过程中，有与旅游地文化的交往，也有对旅游地文化的审美。旅游者通过购买纪念品把旅游过程作为符号记录下来，以此作为旅游的见证，便于日后可以睹物怀念这次精神愉悦之旅。旅游者也可以把旅游纪念品作为礼物赠送他人，和他人一起分享自己旅途的愉悦。

第三，共通的宗教信仰和历史文化积淀。有些纪念品没有强烈的地域色彩，缺乏与地域文化的联系。这些纪念品主要靠工艺取胜，地方特色不够鲜明。如旅游者到泰山旅游购买的纪念品中，最具有代表性的是泰山桃木剑，对于旅游者来说是满足除恶除邪、祈求平安吉祥的心理需求。这反映了中华民族共通的“桃”文化的意象。陶思炎认为，我国上古神话关于“度朔山”的描述是桃符、春联进入风俗应用的基础，桃木辟邪是原始巫术信仰的物化，是宗教的法物和风俗符号，蕴涵着复杂的文化内容。① 罗漫认为，桃的药用价值是产生桃木崇拜的根本原因，而神话传说中的桃木驱鬼则是桃木避邪的反映。从古代到现代，民间信仰认为“桃”就是能够驱神避鬼的，所以买桃木纪念品就可以起到保护自己的作用。②

我国幅员辽阔，文化底蕴深厚，一些特殊的纪念品能成为整个中华民族的历史文化映像，例如瓷器，我国在历史上就被称为瓷器之国，旅游者购买这些纪念品或者是为了审美，或是把它作为我国历史文化的符号象征来进行收藏。

---

① 陶思炎．中国镇物文化略论[J]. 中国社会科学，1996（02）：138—147.

② 罗漫．桃、桃花与中国文化[J]. 中国社会科学，1989（04）：145—156.

第四，工艺审美意义。一些纪念品有着中华民族共通的文化特色，反映的是一种审美情趣。旅游者在旅游过程中产生购买的欲望，目的是追求纪念品所显示的外在美。这种外在美由外形的自然属性（色、形、质感、风格等）以及它们的组合规律（如整齐、比例、对称、反复、节奏、多样的统一等）呈现出来。因此，旅游纪念品的审美特征主要为形式美、色彩美、质感美、风格美等。形式美体现在旅游纪念品的造型形态上，是由点、线、面这些元素的交叉、折叠、加减、透叠产生的统一、对比、节奏、平衡和空间等关系，从而给人带来不同的视觉感受。色彩是旅游纪念品审美要素中很重要的一个元素，它对产品的视觉效果有直接的影响。不同的色彩作为符号的能指，代表着不同的感情倾向，如红色表示热情活力，绿色表示健康，蓝色表示冷静安宁。

旅游纪念品的质感美主要由其制作材料和造型所决定的。这是因为各种不同的材质（如金属、塑料、陶瓷、玻璃、皮革和织物等），都能呈现出多种不同的纹理和质感，从而营造出不同的美感效果。这些金属材质的纪念品展现出光滑无瑕的外观，展现出金属的闪闪发光以及现代高科技与神秘尊贵的氛围。

风格美主要是指旅游纪念品在设计风格上的独特性。不同的设计风格给人不同的视觉美感，或粗放或细腻，或单纯或复杂，或传统或现代。纪念品的风格是各种元素综合的结果，体现了旅游目的地的文化、民俗风情。

4. 音乐符号

英国著名民族音乐学家约翰 · 布莱金（John Blacking）把音乐定义为“是人为地组织起来的声音”，而且“是被组织成社会可接受模式的声音”。① 音乐作为一种信息被传递时，可以作为符号学意义上的“符号”来理解。

传播中的音乐符号实际上包含了互相关联但又相对独立的两套体系：一套是音乐声音形式的独立结构或形态体系；另一套是人们赋予这些声音形式的观念或意义体系。这两套体系相互作用，共同呈现了音乐的意义和特点。第一个体系代表的是语言符号的表面意义，而第二个体系表示的则是语言符号的深层含义。从其本质上来看，音乐是由乐音的运动形成的结构，是一种声音的表达实体，其本质并不含有情感或意义成分，属于一种“空的”声音形式。尽管音乐本质上只是一组运动的音符，但是当人们将自己的情感和意义融入其中，并赋予它目标和发展方向时，音乐就能够在人们的思维中传递更多的信息。这样也可以展现出符号的独特性质。

---

① 薛艺兵．音乐传播的符号学原理[J]. 武汉音乐学院学报，2003（02）：6-12.

音乐符号体系所包含的文化成分是根深蒂固的，并且它们反映的是文化的核心和最深刻的表达方式。不同的民族音乐文化会体现出各自独特的风格和强大的生命力。民族音乐文化是表达并凸显民族特性和文化内涵的一种具有重要象征意义和文化标志的元素。中国有56个民族，每个民族都有其独特的音乐文化，这些音乐文化丰富多彩，因其地域和民族的特点而知名。各种音乐类型有不同的展现形式和特征。

符号系统包含能指和所指（语词和语意）及两者的结合方式（语法和文法），这些因素又都被语言的“代码”严格规定着，“代码”按照一定的语法建构形式对符号的能指和所指进行规定。能指和所指及两者的结合方式一旦超出语言的代码范围，就不能被正确地理解和使用。代码就像是文化中的传统习俗，它们被保存在具有这些代码知识的人和社群的意识中，影响着他们的思考和表达方式。每个文化都有其独特的语言，它们都使用特定的符号和语法规则。

创作、传播和接收音乐作为一种文化符号，都必须遵守所规定的行为准则。名声远扬的现代音乐符号学专家纳蒂埃，依据对人类认知心理的深入研究，从独特的视角阐述了音乐符号学的现象。他认为音乐是一种具有象征意义的“迹象”，或者说是声音传达的象征。由于音乐的意义在创作和接收过程中是分开的，所以它需要在作曲者和听众之间互相解释。无论何时有人为它赋予意义，都需要使用代码来进行传播并辅以双方的解释。在音乐符号的传递过程中，发送和接收的双方都会按照共同的语义“规则”来传递和理解音乐符号的含义。此代码是按照特定民族和群体所喜欢的音乐音调所编写的，并考虑到他们的社会文化背景、传统习俗和文化习惯，因此难免受到这些因素的影响。相较于简单的语言代码，这类代码被称为“文化代码”，它们与特定的文化和归属感紧密相关，对文化局外人来说，只能是一种难解的“密码”。

音乐符号传播在旅游发展中扮演着重要的角色，许多大型旅游城市运用旅游音乐来建构自己的旅游形象，并且取得了非常好的效果。传播民族音乐文化的卓越质量，可以与旅游产品相结合，会产生独特且超出预期的宣传效果，同时还能引发受众强烈的情感共鸣。营销手段可以涵盖基于音乐作品、音乐人物、音乐故事为核心的营销策略，甚至可以尝试以音乐器物为主题的营销策略。

5. 仪式符号

仪式首先被限定在人类的社会行为这一基本表述之上。但人类学家对仪式的定义可谓见仁见智，它可以是一个普通的概念，一个学科领域的所指，一个涂染了艺术色彩的实践，一个特定的宗教程序，一种人类心理诉求形式，一种生活经验的记事习惯，一种具有制度性功能的行为，一种政治场域内的谋略，一个族群的族性认同，一系列节日庆典，一种人生礼仪的表演，一场令人心旷神怡的游戏等，不一而足。

在我国传统的乡土社会，仪式是一种重要的文化事象，它贯穿于人们的日常生活中。比如每逢春节和“四时八节”（上元、花朝、清明、立夏、端午、中元、中秋、重阳等），很多地方都会举行一系列仪式活动，即时节仪式。同时，仪式也伴随着个人的成长，一个人从出生到死亡，要经历满月、周岁、过关或成人礼、婚礼、葬礼以及祭祀礼仪等一系列仪式活动。

可以说仪式是仪式表演者与观赏者之间进行信息交流和传播的社会互动过程，主要通过表演的形式来展示其象征意义。在这个过程中，要传递丰富的隐喻、象征意义和地域群体文化心态、价值规范等信息。我国社会学学者郭于华认为，仪式通常被界定为象征性的、表演性的、由文化传统所规定的一整套行为方式。它可以是神圣的，也可以是凡俗的活动。这类活动经常被功能性地解释为在特定群体或文化中沟通（人与神之间、人与人之间）、过渡（社会类别的、地域的、生命周期的）、强化秩序及整合社会的方式。

仪式与象征是体现人类本质特征的行为表述与符号表述，仪式是某一特殊社会内部结构形貌的符号化传达。例如桂西北苗族最隆重的祭祖仪式“牯藏节”，也称“吃牯藏”“吃牯脏”“刺牛”。活动期间，苗族人杀猪宰牛，邀请亲友聚会，其间举行斗牛、吹芦笙等活动，就是苗族在历史进程中形成的祭祀祖先、与先祖沟通的特有的仪式。

旅游活动的仪式主要是旅游目的地向旅游者展示其社会结构形态、民族心理以及价值观念的演示性活动。因此，仪式是旅游文化传播的重要符号形式。但是，旅游活动是一种消费性的活动，是旅游者到旅游目的地消费异域文化的过程。专门为旅游活动而举行的仪式也成为一种消费品，是一种消费情境下的表演，其展演的根本目的是获取金钱的报酬。导致失去了仪式的原有宗旨，不再体现仪式中的终极意义，也不再体现人对生存世界的冲突和斗争，仅仅留下了表演的躯壳。特别是为了突出本民族文化的独特特色，有些旅游景区会设计特别表演、仪式和文化象征。九寨沟的旅游活动中展示了一些非藏族本土的生产和生活方式，以此来突显藏族文化的独特之处。然而，这些展示的内容与该地区的农耕文化特征无关，但是更符合狩猎和游牧文化的风貌。这就导致了很明显的舞台化或表演化的做法。

演出形式的改变，使得为庆祝节日而进行的民间歌舞等民俗活动不再是生活中自然的展现方式，而是被定义为预先设计好的舞台戏剧或文艺形式，由此丧失了它们原有的实用功能和生活意义。这些文化活动以传统形式呈现，但由于长期以来的反复表演，人们开始将它们视为单调、定式、缺乏意义的表演活动。当表演的因素渐渐取代了仪式中反映现实生活的内涵时，传统仪式就演变成了一种娱乐活动，这使得它对当地村民失去了原有的意义。仪式原本有着深厚的文化内涵，然而当它逐渐沦为赚钱的商业活动时，这就会严重地破坏少数民族社区内部仪式文化的传承。

（四）旅游的文化涵化过程

旅游会对东道主社区产生一系列重要影响，诸如劳动分工、影响社会生态或土地利用模式等。在旅游者角色制度化后，东道主国家便发展出一系列为满足旅游者需要而服务的角色和机构，随着吸引物和服务设施的建成、改善并向旅游者开放，这一发展过程逐渐为东道主社区生态注入了新的元素，从而导致东道主社区的文化变迁。但具体而言，这种变迁的程度与方式并不相同。纳什（Nash）认为，旅游的形式会引发目的地社会文化和环境的变化。[①] 科恩也总结道，旅游者和东道主社区相互影响的程度和方式在很大程度上取决于主客双方进行社会接触的程度和类型。他还进一步把制度化旅游者和非制度化旅游者对目的地的影响作了区分：旅游对未来社会的影响将呈现出一个复杂图景。[②] 一方面，制度化旅游者的大量增加将使旅游业越来越标准化、机械化，这反过来将使旅游主客之间的接触和交往更加程式化。这种程式化本身不会对东道主社区的文化原真性有太大破坏，旅游者和东道主之间有一道“帷幕”，旅游者看到的是“前台”，而东道主生活在“后台”。但随着旅游者规模的不断增长，游客对东道国社会生态、分工和财富分配的影响也随之扩大。另一方面，当形形色色、不同阶层、不同生活方式的非制度化旅游者大量深入东道主社区时，主客之间就会发生更加频繁、多元的社会接触，跨越国界的相互了解也将带来不可预估的后果。

在旅游者和东道主之间进行跨文化互动的过程中，旅游者和东道主不可避免地都会受到来自对方文化的影响。正如比（Bee）所说，所有的社会文化系统都体现出一种变迁和固守的相互作用，但通常是一方胜过另一方。在旅游主客互动过程中，因为旅游者一般不会停留在某一个目的地，他们在不同的目的地之间穿

① 周毅，刘洋．旅游文化[M]．北京：中国人民大学出版社，2016.

② 周毅，刘洋．旅游文化[M]．北京：中国人民大学出版社，2016.

梭，因此某一个目的地对其的影响就会非常有限。然而东道主社区在不断接待来自各地的游客的同时，其文化生态正在悄然发生改变。这些改变就形成了文化人类学的“文化变迁”，这种变迁随着时间和影响的强度而呈现不同的状态。游客的行为会对东道主地区文化产生一定的示范效应，而这可能导致文化漂移现象的出现，这种现象的累积就会导致东道主社区更强的文化变迁，进而导致文化涵化的形成。①

1. 示范效应

示范效应并不是一个特别清晰的概念，它通常用于政治学或社会学，原来是用来描述一个地方的成功发展可以对另一个地方的发展起到促进作用。在旅游研究中，主要用在对旅游的社会文化效应方面。旅游的示范效应通常会对旅游目的地的社会文化造成负面影响，甚至抵消旅游在经济方面带来的好处。这种现象主要是一种器物层面的信息传递，一般而言，对于经济文化相对落后的地区，外来游客带来的文化通常都是在器物层面影响当地文化。

旅游示范效应是指游客通过一些形象将信息传递给接待地居民，进而影响他们的意识和行为，是非语言沟通的主要效应。它借助于一种强制的潜移默化的力量，通过经常的展示和观感接受而形成，接受对象在不断的接触中，从排斥转向接受，甚至会对接受对象的意识观念产生转变，并将这个过程细分为排斥、认可、接受、融合等四个阶段。我们直觉地认为示范效应是一个关于旅游后果的概念，对于目的地有着广泛的影响。

事实上，示范效应的影响有限，迈克尔罗伊曾经通过实证研究证明：加勒比海居民的高消费模式不单是受北美旅游者的示范效应影响，还受到“社会的现代化进程”的深刻影响，而且后者的影响较前者更加显著。示范效应通常是一个过程而不是结果，东道主社区往往因为游客的示范性行为产生文化漂移或文化涵化现象，这个过程就是示范效应。②

2. 文化漂移

文化漂移是指文化的演进和变迁源于某个特定的文化理念或特征的频繁出现或盛行，这个特定的理念或特征是随机的、偶然的。这个概念来源于生物学，是生物学的“基因漂变”或“样本错误”在文化演进中的一个类比。简单地说，文化漂移就是指偶然的随机因素对文化演进产生重大影响的现象。后来有学者扩展

---

① 周毅，刘洋．旅游文化[M]. 北京：中国人民大学出版社，2016.

② 周毅，刘洋．旅游文化[M]. 北京：中国人民大学出版社，2016.

了这一概念，将选择性和指向性的因素也包含在其中。综合起来看，文化漂移是指某个特定的文化现象的频繁出现或盛行推进了文化的演进进程的现象。

将文化漂移运用于旅游跨文化传播，可以很好地解释旅游主客互动之间的关系。因为旅游活动中的主客互动就是一种随机和偶然的现象。在旅游者与东道主的短期接触中，主客双方在表面上都会使自己的行为有所改变（如游客穿上东道主的民族服饰，东道主为了迎接游客说几句游客的语言等），但这种特定的表面行为如果频繁出现，可能会对东道主社会的文化演进产生持久的，甚至是深远的影响。有时，这个概念也指某个特定的文化理念或特征在旅游主客双方“漂移”的现象。它在外来游客行为上的表现，常常体现为对接待地某种文化要素的偏爱，比如游客在目的地购买民族服饰穿在身上，而离开之后则不再穿戴，或是保存做纪念品。这里东道主的服饰文化元素“漂移”到游客身上。游客的这种行为对自己的影响并不大，但众多游客对这种行为的重复，特别是对某种民族服饰样式的偏爱会导致东道主地区服饰文化的变迁。文化漂移在东道主地区尤其是为异质文化游客服务的企业及其员工的形象和行为上表现明显，例如接待欧美游客的酒店，大都使用欧式的建筑和装修风格，员工也穿欧式服装，并用英语作为交流的语言，但这些员工在其余时刻并不如此。概而论之，我们可以这么理解，旅游主客互动的文化漂移是指游客与东道主的某种或某些文化因素暂时“转移”到对方身上的现象，这种转移可能因为其高频率而对东道主社区文化造成深远影响，但是目前这些文化因素的转移还只是暂时的、表面的，只涉及表型行为的改变，而没有触及意识行为的改变。

但当这种文化漂移现象发生达到一定的频率时，东道主地区的文化不仅会在表型行为层面发生改变，而且会在意识行为层面发生改变，这就会导致“文化涵化”现象的形成。

3. 文化涵化

“涵化”是一个人类学术语，所有的文化变迁都是由于不同文化之间的交流所造成的，即使这种变迁并不符合社会的期望。当不同文化的人群不断相互交流时，其中一个或多个群体的初始文化模式会发生显著变化，这就叫“涵化”。它总是包含着直接或间接的强迫因素。涵化属于文化变迁范畴，也是文化变迁的一个主要内容。当某一社会的文化和自然环境发生改变后，便会产生新的需要，就要进行创新，并将创新的内容进行传播，最终产生涵化的结果。“创新—传播—涵化”这三者构成了典型的文化变迁模式，这三者既有历史性的先后关系，又互相影响。早在20世纪50年代，美国社会科学研究理事会（the Social Science Research Council，SSRC）就在其夏季研讨会上将“涵化”界定为“有两个或多个文化体系接触所引发的文化变迁”。

有学者认为，在旅游业中，涵化的过程引人注目，其往往发生在不同文化交流时，不论时间长短，双方都可以通过“借鉴过程”得到好处。但是这种过程具有不平等性，在很大程度上受交流环境的性质、参加沟通的个人或团体的社会经济状况以及两者人口数量差异的影响。

（1）涵化的影响因素

涵化的形式多种多样，其中“借鉴”是一种重要的形式和因素。这种“借鉴”通常是双向的，每一方都会通过“借鉴”另一方的文化因素使自己的文化产生某些变化。根据这样的原则，文化涵化的发生存在两个方面的因素：一种是外来因素的介入，即在某种外部力量（如政治、经济、旅游等）的影响和作用下，原生性的文化产生某种变化；另一种是内部因素，即一个群体或族群的内聚力、认同感、承受力，以面对来自外界因素影响和作用的承受力。但无论如何，涵化必须满足一个最基本的条件：两种及以上文化的接触。在旅游跨文化互动中，涵化的强度会受到多方面因素的影响，主要体现在以下五个方面。

①旅游主客互动的程度。旅游者与东道主之间的文化接触方式与程度影响文化涵化的程度和范围。在旅游跨文化互动中，旅游者的类型和互动程度不同，对于涵化的强度也会产生不同的影响。制度性旅游者虽然与东道主的互动较少，但由于数量巨大并且对东道主文化理解不够，因此对东道主地区文化影响较大，涵化的强度也较大。非制度性旅游者虽然与东道主互动较深入，但他们尊重东道主文化，且数量较少，因此对东道主地区文化的影响并不大，涵化的程度较浅，甚至不导致涵化。因此，考虑东道主地区的文化涵化现象要区分其迎合的是哪种类型的旅游者。

②东道主的文化社会态度。这是指有些国家和地区愿意接受和容纳异质文化的旅游者，而有些国家和地区却不予容纳，持排斥、隔离或保持距离的态度，这就会妨碍旅游跨文化交流，并影响涵化的进程。

③文化距离。文化距离是指文化和文化之间的亲疏感，它既是文化传播中的人为因素，也是影响文化涵化进程的重要因素。“切近”和“疏远”表达了一种在跨文化沟通中起重要作用的距离感，也就是民族和文化之间的距离。这种距离指的是两种文化的相似程度，两种文化相似度越高则距离越小，反之则文化距离

越大。当两种文化的文化距离较大时，旅游产生的文化传入所造成的影响可能更为广泛、更为深入，更易导致涵化的发生。

例如托马斯·莱泽曼（Thomas Leatherman）和阿兰·古德曼（Alan Goodman）等对墨西哥尤卡坦半岛的研究发现，旅游发展导致了尤卡坦玛雅人的食品结构经历了非本地化过程。他们穿着国外流行服饰，吃着进口食品，喝着进口饮料，饮料的自动贩卖机随处可见。当旅游者与东道主之间文化相似度高时，文化距离较小，旅游的社会文化影响就比较有限了，涵化就不容易发生。如西欧人、美国人和加拿大人之间的相互造访，造成的社会文化影响就比较有限。斯蒂芬·佩吉（Stephen Page）还发现另一特例，有一些我们认为的被旅游影响的比较大的地方，如印尼的巴厘岛，由于大部分游客来自世界各地，具有多种社会文化背景，他们对目的地产生的文化影响反而小于人们预期。由此可见，文化距离大，并不必然导致涵化程度高。①

④旅游对当地社区的重要程度。东道主社区经济依赖于单一产业会导致很多社会和经济问题，混合型经济与极度依赖旅游业的经济类型相比，旅游对极度依赖旅游业的经济类型的影响比较大。在这种情况下，旅游文化的涵化进程更容易进行。

⑤旅游发展速度与当地社区的容忍度。一个自发地缓慢演进到成熟阶段的旅游目的地所经历的变革比新兴旅游目的地所经历的变革小，旅游发展速度影响涵化进程，当旅游发展速度过快时，东道主社区的文化涵化也快。同时，东道主社区的文化容忍度也是一个影响涵化的关键变量。东道主社区较小时，通常文化容忍度也较小，此时旅游对社区文化的影响就比较大，涵化也更容易发生；相反，东道社区较大时旅游对社区文化的影响就比较小。这里需要指出的是，社区较大并不必然意味着文化容忍度高，文化容忍度不但与社区的规模有关，还与社区固有文化类型有关。文化类型越传统，形成时间越长，其排他性也越强，容忍度便越低，现代文化社区较传统文化社区的文化容忍度更高。

（2）文化涵化的类型

正如前文讨论的，文化涵化往往通过“借鉴”得以实现，并且这种“借鉴”通常是双向的，每一方都会通过“借鉴”另一方的文化因素使自己的文化产生某些变化。但事实上，东道主社区涵化的过程并不是互相借鉴这么简单。西方的人类学者都对较发达的西方游客和欠发达的目的地居民间接触引发的涵化更感兴

① 周毅，刘洋．旅游文化[M]．北京：中国人民大学出版社，2016.

趣，而且大都假定了双方的统治与从属关系。西伦 · 努涅斯就指出，形成“借鉴”是由于旅游主客互动的文化接触（发达与欠发达之间）具有不对称的特点，原因是较发达文化中的西方游客以这种或那种方式对欠发达的目的地人民施加决定性的影响。[①] 西伦 · 努涅斯设想的这种“不均衡的二元对立”互动模式被以多种不同的方式表达，如发达国家和发展中国家、西方和非西方、中心和边缘、工业化和前工业化、北方和南方等。可见研究成果之丰富。由此可见，旅游主客互动引起的涵化是以一方战胜或主导另一方的方式实现的。在两种文化的接触和交流中，如果一方属于“高文化”，另一方属于“低文化”，那么，前者对后者所施加的作用和影响远远大于后者对前者的影响。

但是，对旅游稍有了解就能明白这种“非均衡的二元对立”的旅游主客互动关系的局限性。它只是当今国际旅游的一部分而已。可见，涵化的形式不止是一种文化战胜另一种文化这么单一。在涵化过程中，很多事情都可能发生。如果两种文化都丧失了它们各自的特点而形成一种单一的文化，则会发生合并和融合。据此，在旅游跨文化沟通中，东道主社会文化可能涵化为一种新形态，这个新形态既不是原东道主社区文化占主导，也不是旅游者所带来的文化占主导。

然而，有时候其中一种文化会丧失其自主性，作为亚文化继续保持其身份，以等级、阶级或种族群体的形式存在。在旅游跨文化沟通中，也会存在这种形式的涵化，比如某种文化的旅游者长期到某东道主社区的某一区域度假，并在此形成了一个固定的圈子和范围，他们在东道主社区形成了一种新的文化模式，这种文化已经不同于他们的本源文化，其无法在东道主社区占主导地位，因此成为东道主社区的文化“国家公园”。

由此，我们可以得出旅游主客互动引起的三种涵化模式：第一种为“非均衡二元对立”涵化模式，这种模式中一种文化占有绝对优势，并战胜另一种文化，表面看具有两种子类，其实只有一种表现形式，当游客的文化战胜东道主文化时，东道主社区文化因游客的影响而发生巨大变迁，进而导致涵化。而当东道主在与游客的文化接触中取胜时，就不会导致涵化的发生。第二种为“熔炉”涵化模式，这种模式的涵化是以文化接触的双方均失去自身认同并形成一种新的认同而完成的。这时，东道主的文化和游客的文化均丧失主导地位，并在接触中形成了一种新的文化。第三种为“国家公园”涵化模式，这种模式的涵化以某一方丧失其自主性，但以亚文化作为表现形式。游客将文化带到东道主社区，并在某一区域形

① 周毅，刘洋 . 旅游文化 [M]. 北京：中国人民大学出版社，2016.

成固定的范围，在这里游客文化已经不同于其本源文化，并在新地区丧失了其自主性，但也没有被东道主文化同化，这一新文化成了东道主文化的“国家公园”，被“划定区域”保护起来了。

大众旅游者的纷至沓来，造成了东道主社区深刻的文化变迁，这种变迁以现代化的形式，大大损害了贫穷、落后地区的传统文化，这种情况不但在发生，而且在加剧。但旅游不一定会造成文化上的破坏，也有很多非制度化的旅游者放弃舒适的现代化条件而去体验东道主社区的传统文化。

有学者认为，接待游客是一件重复而又单调的事，不同的游客提出不同的“新”问题。同样，东道主也会因回答问题变得厌倦，就像一盒磁带被翻转过来再放一遍一样。但旅游业可以是一座桥梁，可以加深人们对文化的相关性和全球性的了解。由此可见，旅游跨文化交流的目标就是达成共识，走向融合，实现文化整合。

（五）旅游者文化身份的转型

“文化身份”既是某一特定的文化特有的、也是某一民族与生俱来的一系列特征。这些特征包括了价值观、语言、家庭、生活方式和精神世界五个方面。个体的文化身份形成于区域或民族的历史和群体的文化认同中，并与其生活环境密切相关，由此我们可以推断出，一个人的文化身份会随着其生活环境的改变而变化。旅游者在离开常住地时，就是在改变生活环境，因此其文化身份也会发生一定变化。就单个旅游者而言，生活环境的改变使得旅游者本我的文化身份随之改变，不论以前旅游者的文化身份如何，这时他的文化身份就是旅游者。

1. 现代性语境下的旅游者文化身份

麦坎内尔认为，旅游者是“典型的”“一般意义的现代人”，是“完整的人”，他们追求“原真性”的体验。格雷本认为，旅游者是一种现代的“朝圣者”。他们不但在寻找一种家居生活所缺失的原真性，而且也力求使被家庭与工作限制的精神与娱乐保持完整。以色列著名社会学家科恩运用渐增性定义，根据旅游者对熟悉度和新奇度的不同追求，划定了旅游者的连续谱（从团队大众旅游者到漂流者）。格雷本后来专门撰文对旅游者进行了重新定位，将其界定为“社会学家”和“一般意义的现代人”。在这里我们可以看到，无论学者们的观点是偏执一端，还是面面俱到，他们对于旅游者文化身份的界定都是在一种确定性的“二元对立”语境下展开的：虚假和真实，碎片和完整，朝圣和游戏，熟悉和新奇……而这正是一种现代性语境。在这种语境下，无论我们对旅游者做何种肤浅或是深刻的界定，至少有一点是可以肯定的——旅游者不是东道主，他们是和东道主相对应的一种文化身份和存在。①

2. 后现代性语境下的旅游者文化身份

凯勒（Kellner）认为，身份是贯穿于整个现代性中的问题。身份认同在现代社会中并没有消失，而是被重建和重新界定。这种重新界定使身份成了一个选择游戏，变成了“自我”的舞台表演，大家任意改变身份。鲍曼（Bauman）表达了不同的观点，他认为，如果身份是个问题，那也不是贯穿于整个现代性的问题。现代性的身份问题是如何建构身份，并使之保持稳定；后现代的身份问题则是如何避免固执，而保留选择的机会。现代性的口号是“创造”，而后现代的口号则是“回收”。可见在当下背景，我们的文化身份认同是一个动态的变化机制，而不是固定形象。鲍曼进一步用旅游者的形象分析后现代背景下的文化认同问题。他认为，旅游者是朝圣者的后继者，是一个很好的研究后现代文化身份认同的范例，他们如同流浪者无处不在但又不属于任何地方，他们栖居在正常社会的边缘。但这种文化身份与流浪者的不同之处在于：首先，他们的移动是有目的、有原因的；其次，他们有自己固定的家。因此，旅游者成为后代现代性的一个很好的隐喻：他们不属于某个固定的中心，他们处在多个中心的边缘，但即使如此，他们也不是一成不变的，他们正向中心推进（越来越多的人成为旅游者，旅游者和东道主的边界越来越模糊）；他们对空间有着执着的追求，追寻远方以寻找家的意义，他们重新诠释“家”的内涵并且总是保留着选择的机会，不固守于某一处。总之，从后现代性视角看待旅游者，其文化身份是不断变动的，动态建构的；与现代背景下清晰的图景旅游者——东道主的二元对立不同，旅游者与东道主的文化身份边界越来越模糊。②

3. 旅游者群体与文化身份

旅游已经成为一种越来越普遍的文化现象。一方面，越来越多的人加入这种活动中来，旅游成为当代人生活中的重要组成部分，构成了当代旅游文化的重要部分；另一方面，不同个性和动机的旅游者追求旅游的意义不同，因此旅游者群体呈现出多元化发展格局。这样一来，旅游者构成的旅游社会团体越来越多。自由旅行的背包族，喜欢户外运动的“驴友”，偏爱“在路上”具有文艺气息的结伴旅行者，追求刺激的冒险旅游者，享受更多便利的团队大众旅游者等，这些群

① 周毅，刘洋．旅游文化[M]．北京：中国人民大学出版社，2016.

② 周毅，刘洋．旅游文化[M]．北京：中国人民大学出版社，2016.

体的不同类型构成了不同的“旅游者”文化身份。属于同一群体的旅游者，尽管他们的自身文化身份各不相同，但却一定程度上具有高度一致性、同样的兴趣爱好，同样的旅游偏好或者相似的文化价值观等，这些不同于原本文化身份的要素构成了旅游者新的文化身份。

（六）旅游目的地文化的重构

在旅游跨文化的互动行为中，主客双方的文化互动关系引起东道主社区文化变迁，这种文化变迁会同时影响旅游目的地文化的重构。这种文化整合与转型过程既包括旅游吸引物的重构，也包括东道主社区因旅游迁移导致的文化身份重构。

1. 旅游吸引物的重构

旅游吸引物是一个符号系统，是景物、标志和旅游者之间的关系。根据符号学的观点，符号是主客体的统一。旅游吸引物的符号化特征为我们重构旅游吸引物提供了可能。带入后现代语境就表示二元对立瓦解了，事物的边界因为“移动性”而变得模糊。“自我与他者”“虚假与真实”不再截然二分，也就是说现代性中旅游吸引物构建的“差异化”基点被瓦解了。在此背景下，旅游吸引物该如何重构？本书认为旅游吸引物的重构应该从三个方面入手：首先打破“异地”与“家”的边界。人们日常工作、娱乐、购物、休闲、运动等活动的场所都可以作为旅游目的地被建构。其次消除“过去”与“现在”的对立。将离我们很近的事物也拿出来展览。我们拥抱现代性，超越现代性，将它也放进橱窗展览。最后，我们超越“原真性”，打破“真实”与“虚假”的截然二分。“假作真时真亦假”，既然“真实”本来就是建构出来的，那就没有什么真正的“真实”。关键是我们的“体验”，“真实”已经不再重要。人们不再追求传统吸引物的“原真性”和“怀旧”，而是追求事物和社会生活的“美感化”，因而“视觉消费”成为后现代的消费主题。因此超越“真实”是后现代语境下建构旅游吸引物的核心所在。

2. 旅游的迁移与文化身份

在旅游跨文化主客互动中，旅游活动对于东道主社区的影响还包括旅游业侵入东道主居民的生活领域。在这种情况下，会发生居民、从业人员、游客三种人口的迁移活动。东道主地区居民的迁移是为了旅游开发或资源保护而迫使当地居民迁离居所；从业人员的迁移是因为旅游业的发展吸引的外来经商人口、劳动力的迁入或本地外出务工人员的回流；游客的迁移是由于在东道主地区的游客出于对东道主地区环境和氛围的喜爱而移民或购买第二居所的迁移。这些情况都会导致旅游主客双方文化身份认同发生改变。

3. 旅游的开发迁移

开发迁移是指为了旅游开发而使当地居民迁离自己居所的情况。开发迁移既是当地政府对于发展和现代化的需要，也是全球跨国公司的战略需要。这种迁移往往是有计划的政治决策，是旅游开发中政府、资本与当地社区之间力量对比的反映。通常情况下，在这场较量中，失利的一方总是东道主居民。这种迁移会导致诸多后果，迁移者失去的不仅是经济财产或社会文化特质，还会失去承载其原来生活方式和文化特质的生产性基础。其中最重要的就是迁移者文化身份的改变。人们的财产、经济资源甚至生活基础从原有家庭和社区中分离，社会联系和对社会群体的经济依赖断裂，文化特征与价值观被破坏，甚至有可能造成人们生活中的断层与混乱。

4. 旅游的季节性迁移

季节性迁移是指因旅游季节性特征而在旅游旺季迁入，淡季迁出的人口移动现象。这种迁移主要涉及旅游从业人员和季节性度假的游客。旅游从业人员的季节性迁移主要是因为经济原因，他们想在旅游旺季寻找一份赚钱的工作，由于这种“候鸟”从业者不是常年居住在旅游目的地，因此社会文化认同感不如本来就居住在旅游目的地的从业人员高，与旅游目的地社会的疏离感也会超过其他人员。而由于季节性度假游客居住在东道主地区有一段时间，所以对东道主地区的影响比一般旅游者大。

二、旅游的文化整合

旅游的文化整合是指渊源和特征均不相同的文化相互吸纳、重新组合的过程。它是文化涵化的结果，是文化系统内各文化因素、文化丛之间的协调平衡关系。整合是指将不同的文化元素和文化体系相互融合、相互交流，汲取其精华、吸收其优势，并将它们互相调和，以创造出一个兼具协调性、和谐性和一致性的状态。文化不仅有其特点，同时也有着整合多元文化的能力。当不同的文化相互碰撞时，它们会产生相互渗透和融合的关系，会逐渐地创造出全新的文化形式。因此各种文化因素或文化丛通过整合形成新的文化系统或文化地域综合体。在旅游的跨文化沟通中，有文化的整合，才会有文化的传播。文化涵化的对立面是文化休克、文化冲突。文化涵化会引起文化整合，而文化冲突则不会引起文化整合。

（一）文化整合的两层含义

为了更好地进行比较和分析，社会学者将文化分解成许多看起来没有联系的部分。这种区分是不科学的，文化本身具有整体性，它是一个系统，所以始终如一地考察文化某一方面的学者，发现也有必要考察文化的其他方面。在一个系统中的文化为了发挥作用，它的各个方面必定是合理地整合在一起的。因此文化本身就是整合的，这既是一种状态，也是一种过程。它调整系统内外部的各要素，使它们和谐相处，共同发挥作用，并最终达到一种和谐统一的整合的状态。

1. 内整合

内整合是指文化系统内部的理念、价值观、行为、制度等各方面的统一、融合、协调关系。文化系统的内整合如同自然环境中各要素之间的相互作用、协调的关系一样，如果某个要素的变化超出了限度，就会导致整个系统的不协调。文化系统的内整合的含义是某一文化系统在历史发展过程中不断适应新的时代特征进行的文化创新和发展。文化也就代表着人类的适应系统，但随着时间的推移，某些文化因素会出现不能适应新时代需要的问题，因此，就需根据时代的变化做出调整。总的来说文化系统的内整合通常是某一文化主体在适应历时性困境时做出的文化调整。

2. 外整合

外整合是指某一文化系统在遭遇另一文化冲击时做出的协调、调和。这种整合需要一定的时间才能完成，是某一文化面临外来文化挑战时以一种包容的态度做出的调整。也就是说外整合是某一文化主体在适应共时性困境时所做出的文化调整。

（二）旅游文化整合的具体表现

现代旅游跨文化沟通和文化传播的趋势必然伴随着文化整合和文化冲突之间的对立统一。在旅游主客文化的互动过程中，旅游者所携带的文化与东道主社区文化之间接触、碰撞、融合或冲突。旅游者在吸收东道主社区文化符号或价值观等元素时，也将自身的文化元素传播到东道主社区，这种吸收与传播是一个潜移默化的过程，并且伴随着强制性。也就是说文化整合实际上是不同文化通过涵化而重新组合。

文化冲突总是伴随着旅游跨文化的沟通与交流。但冲突不是目的，它只不过是文化整合的一种反向作用力而已。因此，虽然文化冲突暂时地影响着文化整合，但文化自身的整合特质决定了文化必然走向整合。当代旅游也不会因为发生文化冲突而停止文化整合的步伐。旅游促进文化整合，为文化整合提供了桥梁和纽带。具体而言，旅游的文化整合表现在如下方面。

1. 旅游者与东道主的互助

旅游跨文化行为双方的友好互助体现在多方面。

首先，这种互助集中体现在东道主社区旅游服务人员为游客旅游活动的完成提供各种服务，而旅游者给予相对等的经济补偿。在这个旅游消费过程中，不光有简单的交易关系，还有互动双方的情感投入，而这种有情感投入的交往就是友好互助的一种体现。

其次，这种互助体现在东道主一般居民与旅游者之间的交往与互动上，游客在旅游过程中，通常会与目的地居民进行交往。在非制度化旅游者中，这种交往会更深入，他们甚至会和当地居民交朋友。东道主和游客的友好互助在某些自然灾害发生的情况下，会表现得特别显著，这时，他们互助互爱，共渡难关。这种主客双方的友好互助体现了不同的文化进行的深度文化整合。

2. 现代企业制度在东道主社区的介入

由于很多旅游目的地在经济欠发达国家，因此在旅游开发中，发达国家的介入成为很普遍的现象。纳什在其《旅游人类学》中就以西非小国冈比亚的旅游业发展为例来说明外来资本的介入对旅游目的地的影响。[①] 跨国企业或连锁旅馆集中掌握着能够垄断旅游业市场的决策和技术，这些企业遍布于世界，包括西方和东方的各大城市直至北半球和南半球最偏僻的小岛。旅游业还能介入与旅游并无关系的集体活动（手工业、传统节日、部族保留地），这一切使旅游成为地区经济和周边经济现代化最强有力的因素之一。旅游业给东道主社区带来了冲突和文化矛盾，同时，它也带来了积极的文化整合因素，它使东道主旅游环境中某些落后的文化因素得到更替，使社会文化得到有益的整合。

3. 主客双方的精神交流与情感融合

通过思想、文化和经济的交流，帮助那些与外界隔绝或生活贫困的人群克服局限，融入旅游胜地，摆脱年龄、健康和职业等限制，减少财务障碍，在休闲度假时享受更好的体验。人们在旅游中通过跨群体交流，可以更全面地了解彼此的经历和困境，开阔自己的视野，从中发现以前未曾接触过的事物。深入了解城乡

① 纳什．旅游人类学[M]．宗晓莲，译．昆明：云南大学出版社，2004．

居民的生活条件以及体验不同的生活方式可以帮助人们拓宽视野，具有非常重要的意义。总的来说精神交流和情感融合是旅游文化整合最集中的体现。

第二节　旅游的跨文化交流理论

现如今，旅游业已经成为一种普遍现象，在此背景之下，文化特征成为旅游产品吸引力的重要因素。独特的文化特征彰显了旅游活动中主客双方的文化差异，这种差异可能会导致出现一定程度的社会偏见，从而阻碍旅游活动中主客双方的文化互动和交流。为了增进旅游者与东道主之间的文化互动与了解，顺畅地进行交流，需要交流双方把握文化差异，寻求更好的交流方式，这种寻求的过程就是一种旅游跨文化行为。旅游跨文化行为以文化差异开始，以文化融合结束。因此，文化差异成为旅游跨文化行为研究的逻辑起点。

一、文化差异

文化的独特性成就了文化的精彩与魅力。追求异域情调的旅游动机就是对文化的独特性追求的集中体现。正是这种文化的独特性导致了文化差异。因为文化差异的存在，跨文化交流才变得有必要，因此旅游者和东道主双方的文化差异成为旅游跨文化行为研究的起点。

文化差异的表现是多方面的，既有思想和观念的，也有制度和行为规范的，还有物质和形态的。但文化差异的本质在于观念的差异，它涉及价值观、世界观和人生观等方面。

（一）交流中的文化差异

交流中的文化差异体现在语言交流和非语言交流两方面。语言交流的差异性与语言特征的不同有关，这些特征包括音韵（发音上的差别）、词法（意群上的差别）、语义学（词义上的差别）、句法（词组以及词组之间关系的差别）、语用学（语言与认识的效果差别）等方面。非语言交流中出现的差异则体现在体势语言、副语言、环境语言、客体语四大方面。体势语言主要包括手势、面部表情、目光、头部动作以及其他可以传递信息的肢体动作，这些常被认为是辨别说话人内心世界的主要根据。比如，世界的大部分国家以点头表示肯定，摇头表示否定，但在阿尔巴尼亚则完全相反。副语言又称类语言或伴随语言，包括沉默、话语转接和各种非语义声音（音量）等。环境语言包括空间信息（如近体距离、领地观念、空间取向等）和时间信息（调控和使用时间的理念和态度）、建筑设计与室内装修、声音、灯光、颜色、标识等。客体语则为包括相貌、衣着、打扮、随身物品、家具和车辆等在内的信息。

（二）社会范畴中的文化差异

文化差异不仅存在于交流中，也广泛存在于各种社会范畴（不同的角色、地位、对人性的态度、活动、时间以及个体之间的关系等）中。不同的社会角色、社会地位、等级、个体关系等有着不同的文化表现。在这些社会范畴中，不同个体会表现出对于羞耻感、义务、责任心等方面的不同态度。

（三）社会行为规则中的文化差异

不同的文化中社会行为规则会呈现出明显的差异。这些社会行为规则包括：如何定义人际关系，对社会互动重视的程度，建立并保持关系的技巧，互动的模式（问候、自我介绍等方面），如何开始第一次交谈（表达的程度、感情的表现、坦率程度、对话强度等），持久性与亲密性，如何表达不满与批评，对理由与意见的描述，关于说真话的道德准则，开玩笑，询问个人问题，赞扬与抱怨，表示厌恶与热情，道歉，送礼等。在不同的文化中，个体行为会在以上这些行为规则方面表现出显著的差异性。

（四）服务中的文化差异

服务过程也能体现文化差异，这涉及服务方式的不同、服务内容的不同、旅游者与服务人员互动方式的不同，甚至在服务的定义方面都会存在差异。旅游者对目的地的印象很大程度上取决于他们跟服务人员的互动效果。劣质的服务可能引起游客的不满，甚至情绪低落，进而对旅游目的地形成负面的印象。不同的待客之道给来访者的感受是不同的。

文化除了在交流、社会范畴、社会行为规则、服务等方面广泛存在差异外，在区域、种族、宗教、性别、代际方面也普遍存在差异。

二、旅游跨文化中的主客互动关系

在旅游学术研究中，主客文化互动关系一直是研究的核心。主客文化互动是旅游活动存在的基础，没有主客文化互动，就没有旅游跨文化交流现象。游客的跨文化交际行为其实就是主客文化互动的一种方式，通过跨文化交流，增进双方的互信与了解。因此弄清旅游活动中主客互动关系的特征、沟通模式及效应就非常重要了。

（一）旅游主客互动关系的理论基础

艾罗姆拜瑞（Aramberri）曾指出在旅游一般性理论研究中有三个领域成果最为丰富，它们就是主客关系范式、作为非正常行为的旅游、旅游吸引物的生命周期理论。[①] 也就代表着从主客互动关系角度研究旅游，是从旅游人类学开始的。

1977 年，瓦伦 · L. 史密斯主编的《东道主与游客：旅游人类学研究》一书就将“主客关系”确定为研究主题。[②] 此后，主客互动关系问题一直是旅游人类学的核心研究领域。在研究的众多成果中，符号互动论一直是该研究领域的方法论基础。

作为一种社会学方法论与理论范式，符号互动论由乔治·赫伯特·米德（George Herbert Mead）最早创立，并由其学生布鲁默（Blumer）于 1937 年最早提出。该理论从个体行为和互动的角度理解社会，凸显出人对意义的建构和理解，是一种从社会微观过程的视角而切入的理论。该理论是从人们互动着的个体的自然环境中去研究人类群体生活的社会学或社会心理学，非常强调人类制造和使用符号的能力。因为其他动物的符号象征能力非常有限，甚至根本不存在。而人类有着极为发达的符号象征能力，所以这种能力是人类与世界关系的本质所在——凭借这种能力，人们能够使用符号象征客观事物、思想，以及事实上他们的经历，并进行交流。如果人类不具备这种能力，那么人们也不会创造、维持和改变社会组织模式。

1. 理论假设

一般而言，符号互动论有三个理论假设：

第一，事物本身不存在客观的意义，其所具有的意义是人们在社会互动中所赋予的。因此事物的意义是主观的，是由与之相关的人赋予和建构的。

第二，人们在社会互动的过程中，根据自身对事物的理解来对待事物。

第三，人对事物意义的理解会随着社会互动的过程而不断变化，不是一成不变的。

可见，在符号互动论者看来，人既是反映者，又是行动者，人对外界通过符

---

① 周毅，刘洋 . 旅游文化 [M]. 北京：中国人民大学出版社，2016.

② 史密斯 . 东道主与游客：旅游人类学研究 [M]. 张晓萍，何昌邑，等译 . 昆明：云南大学出版社，2002.

号做出反应，而不是简单的物理性反应。传统实证主义社会学强调自然现象和社会现象的一致性，崇尚将自然科学的方法运用于社会现象的研究，该研究的结果否定了人的主观能动性。符号互动论的意义就在于使被实证主义社会学所扭曲了的人的形象得以恢复，被忽视了的人的内心世界重新得到研究，被否定了的人的主观能动性重新得到肯定。

2. 主要理论观点

符号互动论的理论设定是建立在以下基础上的：

首先，必须有两个或两个以上的参与者；其次，其中一方表现出了某一种行为举止（或言语语言）；最后，另一方对对方发出的符号信息进行解读。据此，符号互动论的观点可以概括为以下几个方面。

第一，心灵、自我和社会不是分离的结构，而是人际符号互动的过程。心灵、自我和社会的形成都以符号为前提。如果人不具备使用符号的能力，那么心灵、自我和社会就会处于混乱之中，或者说失去了存在的根源。

第二，语言在人类互动中是最主要的信息媒介，但不是唯一的。在旅游过程中，游客与东道主社区的居民很少使用语言沟通，主要为非语言沟通；游客与旅游从业人员之间则主要通过语言进行沟通。

第三，心灵是社会过程的内化，内化过程就是人的“自我互动”过程。人通过人际互动学到了有意义的符号，然后用这种符号来进行内向互动并发展自我。社会的内化过程伴随着个体的外化过程。

第四，行为是个体在行动中自己“设计”的，并不是外界刺激的机械反应。个体在社会允许的限度内行动，在此限度内，他可以按照自己的目的来行动。在旅游主客互动中，双方的行为都是有“节制”的，只有当一方接收到具有意义的信息后，才会选择如何反应。这个反应是经过“设计”的，而不是对信息的直觉反应。

第五，个体的行为受他自身对情景定义的影响。人对情境的定义，表现在他不停地解释所见所闻，给各种事件和物体赋予定义，这个解释过程，或者说定义过程，也是一种符号互动。

第六，个体并不是客观存在的，他存在于与他人互动的过程中。在个体面对面的互动中有待于协商的中心对象是身份和身份的意义，个人和他人并不存在于人自身之中，而是存在于互动本身之中。

3. 方法论

符号互动论者强调研究过程，而不是研究固定的、静止的结构的属性，爱参与观察、生活史研究、不透明的被脉络化的互动片段或行为标准等方法，倾向于描述性的和解释性的方法论。

符号互动论者强调研究真实的社会情景，不喜欢通过实验设计或调查研究来构造情景。不运用正式的数据搜集法和数据分析法，而代之以概括性的和一般的方法论的指令，这些指令要求对被调查的对象采取“尊重”态度。

符号互动论者倡导定性的研究方法。传统的实证主义社会学强调社会现象和自然现象的一致性，主张用自然科学的方法研究社会。大多数实证主义社会学家把社会科学看作是验证关于人类行为之因果假设的手段。这就是从事物中找出两个或更多的变量，而后对其关系进行验证。为了使他们的研究科学化，这些社会科学家运用自然科学家的模式。结果人的符号性质被忽略了，人被当作了物，人的形象被扭曲了。人的内在思维活动被作为“黑箱”排除于科学研究的范围之外，“情景定义”被忽略了。

4. 研究步骤

有学者认为，符号互动论研究至少分两个阶段进行：“考察”和“检验”。在“考察”阶段，研究者用参加者的语言描绘其所生活的、所理解的和所适应的世界，着重掌握社会情景的第一手资料。在“检验”阶段，研究者集中注意环境中的“分析因素”，这些因素要在理论指导下进行观察才可能获得。对于多数符号互动论研究者说来，这一阶段在辨认、描述和解释基本的社会过程（如社会化、整合、协商）时就已开始了。

5. 与其他理论的哲学关联

从哲学上看，符号互动论与美国的实用主义、德国和法国的现象学联系最为密切，与逻辑实证主义、结构功能主义、文化决定论、生物决定论、刺激—反应行为主义、交换理论以及均衡理论的各种形式相对立，而与心理分析理论、现象学社会学、民俗学方法论、角色理论、戏剧理论以及人本主义和存在主义的心理学、哲学具有某些相容性。

（二）旅游主客互动关系的特征

旅游主客互动关系是指外来游客和接待地主人之间的相遇及后续交往，这种关系的建立以双方的沟通交流为手段，以互信理解为目的，是旅游活动独特的运行形式。从旅游的运行结构考察，旅游主客互动呈现出“线”和“点”连续的空间移动过程，表现为典型的线点结构。这种在目的地间连续的空间转换，和目的地选择的不重复性，是旅游与旅行相区别的特征。具体而言，这种区别又体现在旅游者与东道主之间的主客互动关系中。

1975年，联合国教育、科学及文化组织（United Nations Educational Scientific and Cultural Organization，UNESCO）发表了一篇题为《旅游对社会文化价值的影响》的报告。该报告对东道主与游客之间的互动关系进行了深入研究，并归纳出旅游主客互动关系的五个特征。①

其一，短暂性特征。主客互动的时间短，理论上大多不超过3—4周，多数情况下仅仅几个小时而已。事实上，游客到达新的目的地的不确定的安全感使其避免与东道主进行接触，两者的接触通常在离开前才开始进行。因此，绝大多数主客之间的互动关系都只能是偶然的和表面的，很难深入触及目的地社会的深层结构。游客对于目的地的了解，大多停留在“镜头”所捕捉的画面里。

其二，时间的限制性。旅游者都有在短暂的时间内观赏到一切美景的强烈愿望，这使得游客的时间非常有限。这种时间上的限制性使东道主只能为游客展示“迪士尼”式的被修饰过的和表象的画面，而无法呈现更加复杂和丰富的“真实”画面，与此同时，游客也只能得到浓缩体验。因此，旅游就只能是一次挣脱现代社会束缚的短暂解放，而不可能是一次文化考察。

其三，空间的限制性。旅游者通常被隔离在一个以“酒店”为隐喻的封闭空间，他们在这样的环境中活动，无法触及旅游目的地的原真性。空间的隔离与限制加剧了游客对主导旅游者行为的社会心理因素的误解。

其四，互动关系的不平等性。旅游主客双方在经济上具有不平等性，通常旅游者比东道主富裕阔绰，具有一种从其他文明带来的物质优越感。相反，从财富角度看，东道主则感到不那么优越，但是这种在财富方面的自卑感会随着旅游者所表现出的脆弱和缺乏安全感而逐渐消失。尽管如此，物质方面的不平等性在旅游主客双方的互动中还是表现得很明显。

其五，自发关系的缺失。虽然广受诟病，但是旅游业还是在想方设法地将人类与文化的关系、酒店经营等一切与旅游业相关的活动都变成赚钱的活动。旅游业刚开始发展时，旅游者与东道主之间形成了一种“共谋”，即东道主允许游客炫耀自己的物质优越性，而游客允许东道主从他们身上赚钱。但这种“共谋”只

① 周毅，刘洋．旅游文化[M]．北京：中国人民大学出版社，2016．

是一种理想状态，很容易被瓦解。而当这种“共谋”消失时，文化冲突现象就开始发生。这种基于错误的合约（即前面讲的共谋）阻碍了人类的和谐发展，而这种和谐正是旅游的总体哲学。旅游互动的主客双方都不会自发地调整互动时的关系，而这种自发关系的缺失是导致互动时文化冲突的主要原因。

主客互动关系的五大特征的形成具有复杂的背景，除了旅游活动运行的“线点结构”所决定的快速移动性本质外，文化差异也是其形成的重要原因。主客双方的文化差异以及主客接触的短暂性导致双方形成了一定的文化距离，使得文化的“涵化”过程无法完成。在这种情况下，旅游者只能感受到目的地社会浅显的文化影响，而无法在深层结构中感知到旅游目的地文化的内涵。进一步说，文化差异对于主客关系特征的影响可以归纳为以下三个方面。

其一，语言障碍。语言的影响是显而易见的，尤其是当旅游者与东道主的居民进行交流时。

其二，双方社会发展水平的差异。客源输出地和旅游目的地双方在政治、经济发展水平和结构上会有很大不同，使得主客互动之间缺乏可以认同的“共同语言”，二者的接触过程就会成为一种不对称和不平衡的过程。

其三，个人文化素养的问题。交流双方的人文素养对于主客互动有很大影响，态度谦和、礼貌恭敬的人往往更容易被别人接受，自然互动就比较顺利。相反则会产生冲突。

（三）旅游跨文化沟通模式

1. 沟通过程模式

沟通也翻译为“交流”，是指信息的发送者与信息的接收者共享信息的过程。这一过程由信息源、编码、信息、接收者、解码、反馈、噪声七大要素构成。其过程（图 3-2-1）大致如下：

信息源通过对语言和非语言符号的选择，将交流信息进行编码，然后传递给接收者；接收者收到信息后对信息进行解码，按照一定的规则理解信息并作出反馈。其中编码和解码两个环节最为重要，因为思维是无法直接交流的，而是通过符号的编码与解码来达到沟通的目的。同时，在整个沟通过程中要克服噪声的负面影响，才能顺利实现沟通的目的。

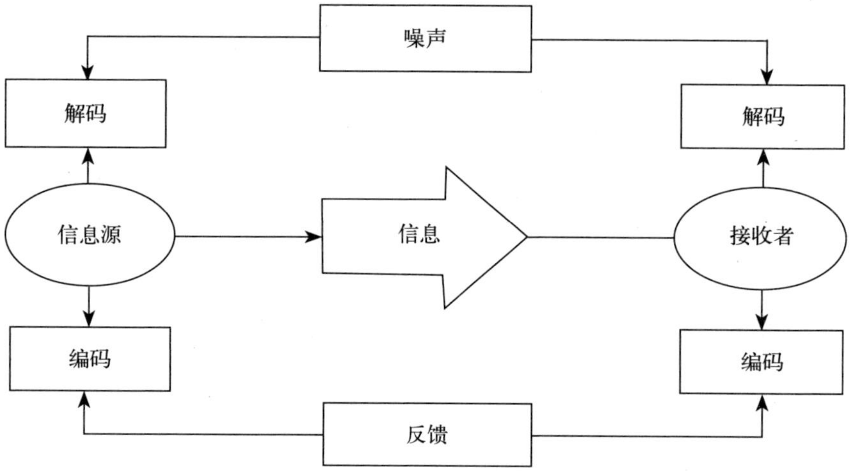

图 3-2-1　沟通流程图

根据以上对沟通流程的描述，我们可以归纳出四个沟通流程的特征：

首先，沟通是一种动态的不断变化的行动，有时缓慢，有时剧烈，但是经常在日常生活中发生；其次，沟通具有互动本质，即沟通具有在两个或两个以上的个体间互相制约的本质；再次，沟通活动不可逆，即沟通信息一旦发出后，其产生的效果是无法消除的；最后，沟通需在一定的社会环境中进行。

2. 跨文化沟通模式

当沟通发生在两个具有不同文化背景的个体之间时，跨文化沟通就会产生。在这种情况下，一种文化中编码的信息必须在另一种文化中解码，但是文化造就并且限定了每一个作为沟通者的个体，我们的沟通行为和赋予信息的方式在很大程度上受文化的影响和制约。来自不同文化的两个个体，在沟通行为和赋予意义的方式方面具有很大差异，因此跨文化沟通会遇到很多困难。不同文化间的沟通大约遵循以下模式进行（图 3-2-2）。一次跨文化的沟通包括六个环节：通过甲文化主体将所需传递信息进行编码，然后将该信息传递出来，信息在一定的渠道与乙文化主体连接，乙文化主体接收信息，并对所接收信息进行解码，然后将其对信息的认知反馈回来。旅游主客互动关系，也是跨文化沟通的一种，在主客互动中，同样存在这些环节。如图 3-2-2 所示，假定甲文化代表旅游者原住地的文化，乙文化代表东道主社区的文化（反过来假设也同样成立），一个完整的旅游主客互动过程有如下环节：

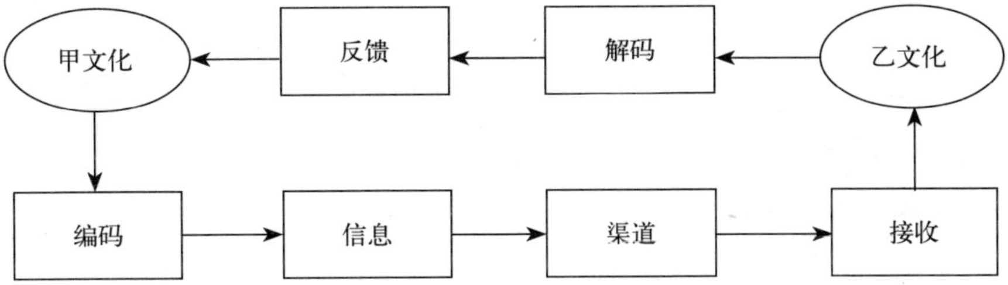

图 3-2 -2　跨文化沟通模式图

(1) 信息编码。旅游者通过对语言和非语言符号的选择，将它们根据所选用语言的一定语法和规则组合在一起，从而构成信息，这就完成了编码过程（是一种心理活动)。

(2) 信息传递。旅游者将所编码的信息（这里信息是一组语言或非语言符号，代表信息源在某一特定时刻的存在状态）传递出来。

(3) 信息连接。信息在一定的渠道（信息得以传递的物理手段，有些媒介也是渠道，如书报、电话、录音等）与东道主相连接。

(4) 接收信息。东道主在渠道中接收信息（信息无论通过何种渠道传递，都是一种刺激力)。

(5) 信息解码。东道主将所接收信息编排成一系列在自己文化中熟知的语言或非语言符号，这就对信息进行了解码（也是一种心理活动，它将在渠道中接收的信息转变为有意义的内容)。

(6) 反馈。东道主对接收到的并被解码的信息作出反应，并将这种反应传递给游客。这种反向传递就是信息反馈过程（是指沟通过程中，信息接收者将某些情况和信息反向传递给信息源主体，并由信息源主体对沟通效果作出适时的判断，从而调整和适应当时的沟通情境的过程)。

（四）旅游主客互动关系的类型

旅游者与东道主跨文化沟通的效果通常受很多因素的影响，比如旅游者与东道主的文化差异、旅游者与东道主的类型、旅行安排的不同类型、文化经纪人的角色（如导游)、旅游开发阶段以及在旅游目的地旅游者与东道主的数量、相互之间拥有的与对方有关的信息、旅游类型等。其中影响最大的就是旅游者与东道主之间的文化差异。

在文化学中，文化间性是用来表示跨文化沟通的主体之间的文化相似性与差异性的专门术语。根据旅游者与东道主之间的文化间性的程度，我们可以识别出旅游主客文化互动关系的不同类型。文化间性的程度就是指跨文化沟通参与者之间文化的相似性程度。对旅游主客文化互动效果产生影响的不仅在于游客与东道主的文化差异，更在于差异的大小。根据文化间性的程度不同，旅游主客文化互动关系可以大致划分为两种类型：低文化间性互动和高文化间性互动。

1. 低文化间性互动

这种类型中又可以细分为两个小的类型：其一，旅游者和东道主的文化背景是相同或相似的；其二，旅游者和东道主的文化背景是不同的，但差异性是细微的或互补的。在低文化间性互动中，旅游者和东道主有着相似的文化背景，他们在互动过程中，文化间性程度低，能够相互理解，沟通效果也最有效。这种类型的互动通常发生在国内甚至更小范围内的旅游活动中，在这种小范围的旅游中，主客双方有着共同的价值观、文化传统、语言、社会经济生活等，因此沟通交流顺畅，互动效率高。

2. 高文化间性互动

高文化间性互动中，旅游者和东道主的文化背景的差异性非常大。在这类旅游主客互动关系中，游客与东道主被明显的文化差异分离，两者之间的文化距离比较远。他们拥有较少的文化共性，其互动困难较大，有效性低。随着游客和东道主之间文化差异的增加，他们之间会产生摩擦、误解与错误的认知。有学者认为，两种文化之间的差异性越大，其互动就越有可能导致摩擦与误解。旅游者与东道主之间的文化间性程度越高，二者发生交流的可能性就越小，信息交换就越少，他们即使在空间上相遇，也可能视若不见。跨越国境的国际旅游就属于高文化间性的互动活动，旅游者与东道主之间，或者没有沟通，或者通过文化经纪人（导游等）进行沟通。

（五）旅游主客互动困难的原因

旅游主客关系中，特别是国际旅游中，主客双方由于缺乏对外国文化的了解，跨文化沟通具有高文化间性的特征，并因此产生沟通困难和障碍。导致跨文化沟通困难的原因有语言和非语言的沟通技巧、社会互动规则两大方面。

语言和非语言的人际交流技巧对于旅游跨文化沟通具有十分重要的意义，然而体现这些技巧的行为却因主客双方的文化背景差异而各不相同。

旅游主客文化互动通常因为双方所在文化的互动规则差异而变得异常困难。每一种文化都有恰当的自我介绍、意见表达、表示尊重等方面的具体规则。然而，旅游主客文化互动并不一定就是困难的。当旅游者和东道主都意识到文化差异的存在时，这些困难就会被实质性地减少或消除。因此，对文化背景中文化差异的理解在是否会造成文化互动困难中起到了关键性作用。

旅游主客互动困难的研究是旅游跨文化研究中的重要内容，意义协调管理理论（CMM）对该问题的分析做出了重要贡献。20 世纪 70 年代末，皮尔斯（Pearce）和克罗农（Cronen）提出了 CMM 理论，主要研究文化间交流以及交流之间的比较模式。它不是单一的理论，而是在理解沟通中产生的人际互动问题的一系列观点的集合。据说，这是一个“瑞士军刀”式的多功能实用理论，能在任何情形下得以运用。该理论识别出沟通的三个基本流程：连贯、协调和神秘，并细分了导致跨文化互动产生困难和障碍的六个不同层次的因素（图 3-2-3）：[①]

内容、交谈行为、情景、关系、自我概念、文化。

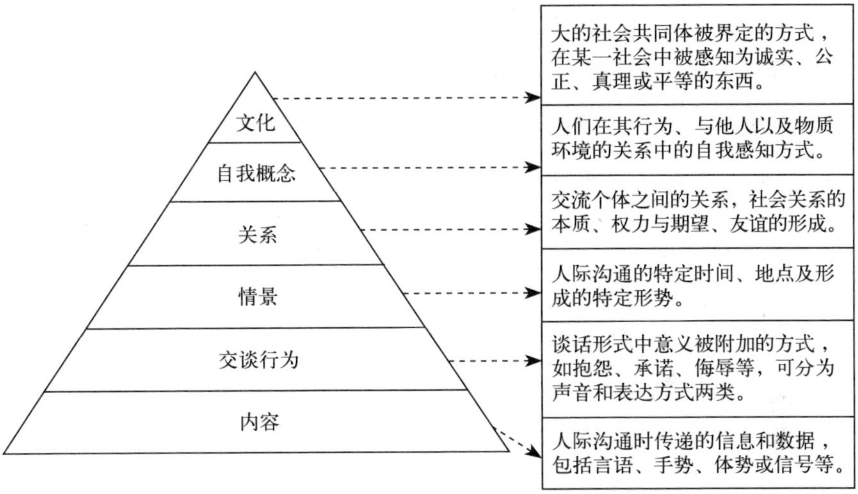

图 3-2-3 跨文化互动影响因素的层次结构图

第一层次为内容。顾名思义，内容是指沟通过程中表达出的信息，包括言语、手势、体态、信号等，是沟通中最直接和表面的东西。在任何一种语言中，内容都是最基本的部分，但内容本身是不足以在沟通中形成意义的。

第二层次为交谈行为。较内容则深入一些，是指在交谈时所实施的行为，是交谈中意义被附加的方式，包括抱怨、侮辱、承诺、论断、威胁和疑问等。进一步说，交谈行为可以分为声音和表达方式两个部分。

第三层次为情景。面对面交流总是发生在特定的时间和地点，很多因素形成特定的交流环境，这就是情景。交谈行为和情景都能深刻地影响内容所呈现的意

① 周毅，刘洋．旅游文化[M]．北京：中国人民大学出版社，2016．

义，同样的表达内容因为表达声音的大小、表情的变化、情景的不同会使其具有不同的意义。

第四层次为关系。关系对沟通的影响是显而易见的，人际互动时互动双方的关系不同，沟通内容和方式会表现出不同的意义。家人间的谈话和陌生人间的谈话是截然不同的。

第五层次为自我概念。即个体对自己是谁的基本认知。在生活中，每个人都会扮演不同角色，个体对自己角色的感知会影响沟通信息所表达的真实含义。

第六层次为文化。是指在特定情境中一系列表达和行动的规则与个体共享之间的价值观等。文化为最内核的层次，会在潜移默化中影响我们的人际沟通。

CMM 理论认为六个层次的跨文化互动影响因素为跨文化沟通难题提供了清晰的解决思路。要使跨文化沟通取得良好的效果，就需要在不同层次的信息交换中达到一定程度的理解。同样，要解决旅游主客文化互动问题，要对六个层次的影响因素高度重视。

（六）旅游主客互动关系的效应

1963 年，努涅斯（Nunez）分析了一个墨西哥山村的村民与城市旅游者之间的互动，发现其经济和政治结构、土地使用规模以及价值体系都发生了迅速而巨大的变化。1976 年，麦肯（McKean）描述了类似的情景："他们逐渐和英国人的汽车旅馆和商店经营者以'文化共生'的方式联合起来；经营者认识到印第安人对吸引旅游者的重要性，而印第安人也知道白人经营必要的旅游服务业能使双方盈利"。此后，越来越多的学者开始关注旅游目的地社会文化的变迁情况。史密斯主编的《东道主与游客：旅游人类学研究》，马西森（Mathieson）与沃尔（Wall）合著的《旅游：经济、环境和社会影响》等著作的出版都引起了重大反响。20 世纪 90 年代初，为了准确预测旅游的社会文化影响，研究方法开始向定量化的方向发展。①

旅游主客互动的文化效应一直是旅游研究中的热门领域。有关旅游对文化的影响，在其性质和导向上还存在争议。争议的一方认为，旅游跨文化的主客互动有助于消除社会和民族偏见，增进双方主体之间的了解和社会的积极转变。而另一方则认为旅游给文化带来了毁灭性的后果，旅游主客文化互动破坏了目的地传统文化。这些消极或积极的文化效应对旅游目的地和游客都产生了深远的影响。

① 周毅，刘洋．旅游文化[M]．北京：中国人民大学出版社，2016．

三、文化变迁机制

旅游主客双方的跨文化互动行为产生了大量的文化传播行为，其直接后果就是导致了旅游目的地的文化变迁。那么对于某一社会而言，是什么导致了文化变迁呢？文化人类学认为，导致文化变迁产生的因素主要有三种：文化创新、文化传播和文化遗失。

（一）文化创新

创新是指在群体内部得到广泛接受的新做法、工具或原理。所有文化变迁的终极来源都是创新。创新可以分为两类：首次创新和二次创新。首次创新是指对一个新原理的偶然性发现。而二次创新则涉及对已知原理的有意应用而产生的事物。后者最接近西方关于文化变迁的模型，即可预测的和既定的。因创新而引起的文化变迁通常与旅游活动无关。

（二）文化传播

文化传播指的是一个社会的习俗或惯常做法流传到另一个社会。当来自两种文化的个体进行互动时，其中一种文化的个体向另一种文化的个体借用文化元素的过程，就叫传播，而贡献文化元素的社会实际上就是那种元素的“发明者”。

借鉴是如此常见，以至于美国人类学家林顿（Linton）说，任何一种文化的90%的内容都可以通过借用得到说明。[①]然而，这些借来的内容通常被大幅修改，人们对他们借用的东西是有所创造的，他们从多种可能性和来源当中进行挑选。通常，他们选择那些与他们目前的文化兼容性较高的元素。文化传播既涉及空间的移动，也涉及时间的发展，据此，文化传播可以分为横向传播和纵向传播两类。横向传播是指文化的空间扩展，即不同文化间的传播；纵向传播是指文化的代际传播，即同一文化在不同时代的延续。

尽管文化传播很重要，但接受来自另一种文化的创新与接受“本土”的文化创新相比，要面对更多的困难。接受外来文化不但面临与接受本土文化创新相同的困难，还必须面对事实：这些终究是属于外来的文化。

（三）文化遗失

文化遗失是创新的积累，即把新东西加到已经存在的东西上。这似乎没错，

① 姚宇，庆东瑞．社会学简明讲义：从实证主义到实用主义的社会分析 [M]．北京：中国经济出版社，2020.

就仿佛我们生活方式的一部分。例如，我们拥有电脑，用电脑办公和处理事务；后来，我们又发明了网络，开始将遥远的个体通过虚拟网络联系在一起；再后来，我们用手机上网。我们的沟通方式因不断叠加而变得多元。然而，接受一种新文明常常导致旧文明的消失。比如，我们发明了电子邮件，因此我们现在基本不用纸笔写信了，邮票的实用价值就会慢慢消失。

四、文化冲突

旅游跨文化主客互动会引起文化漂移、文化涵化进而导致文化融合，此外，文化冲突也会经常发生。当文化冲突发生且强度较大时，游客就会产生不适感，进而导致文化休克现象的发生。

从冲突的拉丁词根看，“com”和“fligere”分别指“一起”和“撞击”，简单地说就是“一起撞击”的意思。它是指矛盾着的两种事物相互对立、相互斗争。不同事物之间的相互对抗、碰撞等都属于这个范畴。不同民族和团体的文化，有不同的世界观、价值观、文化传统、制度和行为准则，并且常常以其各自的文化为优越的文化，视其他文化为糟粕。当它们在传播、接触的时候，便产生了竞争、对抗甚至企图消灭对方的情况，这就是文化冲突的现象。

（一）文化差异与文化冲突的联系

正如前文所述，文化差异是跨文化行为的起点，这种文化特征上的不同体现在社会文化的各个方面。在旅游跨文化交流中，这种文化差异体现在交流中使用的语言和非语言的差异以及社会范畴、社会行为规则、服务中的差异等方面。文化差异是产生信息误差的主要原因。由于信息发送者不了解接收者与自己的文化差异，在信息编码过程中，将信息转换成了错误的信息符号；而信息接收者也不了解发送者的文化背景，简单地用本文化的习惯去解码，或因对信息发出者的文化一知半解而误解了收到的信息，这就导致了文化冲突的发生。一般而言，文化差异越大，跨文化交流中所产生的信息误差就越大，文化冲突发生的可能性和强度也就越大。

美国学者萨姆瓦（Samovar）等在其《跨文化沟通》一书中对不同文化中某些价值观念的定位作了比照，认为可以将文化价值观念分为四个等级：第一重要、第二重要、第三重要和可忽略。① 各种不同文化之间的差异是非常大的，差异最大的是东西方之间的文化。

---

① 萨姆瓦，波特，简恩．跨文化传通[M]．北京：生活·读书·新知三联书店，1988．

文化差异体现在从价值观到行为层面的多个方面，了解不同文化的文化差异，对于跨文化沟通具有十分重要的意义。对于文化差异的漠视或者无知会对旅游主客互动关系产生极大的影响，甚至还会直接导致文化冲突。

（二）文化认同与文化冲突的联系

文化认同是一种被群体的文化影响的感觉，其表现在政治、经济、伦理、宗教、语言、观念等方面。一般说来，文化认同就是对自身文化身份与地位的一种认知，是对本我文化的认知。作为自我概念的重要部分，当个体处于母文化环境中时，这种认知是不太会被个体察觉或强烈感受到的，但当个体离开自己的母文化环境进入其他文化空间时，他对自身文化的认同就会变得强烈起来。因此跨文化行为在很大程度上能够使个体的文化认同凸显出来。然而过于强烈的文化认同会对自我文化产生一种错误的“种族中心主义”，这种观点认为只有自己的文化才是正确的、优质的，其他文化都是错误的、低劣的。“种族中心主义”有两个不同的组成部分：一方面将自己的文化看作是“理所当然”的；另一方面，又常与自我民族、国家和文化的“优越感”联系在一起。此种情况最容易导致文化冲突。

五、文化休克

文化休克是文化人类学术语，也译为“文化震惊”“文化冲击”“文化震荡”等，1958年由奥伯格（Oberg）首次提出，用来表示当人们面对自己不熟悉的社会文化符号和行为时所产生的焦虑现象。[①]

文化休克起初用来分析在另一种文化中生活较长时间的旅居者（包括留学生、外交官等）的经历，现在也用来分析旅游者行为。它是指个体遇到不同文化时的一种较强烈的冲击体验。这种冲击是由于在某一新文化环境中人们无力应对而造成的。人们由于过度承受了不能理解的陌生的刺激、生活与行为处事的不同方式，所以丧失了提出问题、理解问题或是辨认事物的能力。文化休克通常发生在文化差异较大的两种文化互动时。

（一）文化休克的症状

很多旅游者在出境旅游过程中遭受“文化休克”的情况，但不同个体受其影

① 朱立新，左薇薇，顾佳琦．旅游文化学[M]．天津：南开大学出版社，2012．

响的程度差异却非常大。虽然“文化休克”的情况并不普遍，但仍然有人根本无法在国外居住。

那么我们怎么判断某个人是否遭受了“文化休克”呢？如果在跨国旅游中，有以下症状：过度洗手；对饮用水、食物、菜品和寝具的过度关注；惧怕与接待或服务人员进行身体接触；对延迟和小挫折的愤怒；对欺骗、抢劫和受伤害的过度恐惧；强烈的回家的渴望等，那么则应该警惕，这些旅游者很可能是遭受“文化休克”了。

具体而言，文化休克的症状可以大致划分为两大类：生理症状和心理症状。生理症状主要有：对健康和安全的紧张、过度洗手、过度关注清洁状况、厌食、四肢无力等；心理症状主要有：失眠、倦怠、孤独、方向感错乱、疲惫感、易怒、自我怀疑、沮丧、挫折感等。

（二）旅游中的文化休克

在旅游跨文化沟通中，特别是跨越国界进行主客文化互动时，由于主客双方的文化差异，旅游者常常体验到文化休克。当旅游者跨越国境线，到异国他乡，他们会与东道国的机场工作人员、出租车司机、酒店工作人员、商店服务人员、警察等各式各样的人员接触。由于语言、行为方式、价值观念的差异，沟通受阻，旅游者就会感觉紧张。他们不知道东道主会怎么对待他们，而东道主的行为方式对旅游者而言也往往是奇怪的。同一种行为，在某一种文化中是恰当的，而在另一种文化中则可能不恰当，甚至是冒犯的、粗鲁的。处于外国文化氛围中时，游客常常不明白如何对他人进行问候；在对话中如何措辞，展开什么话题；在什么时机给服务员多少小费等，这些问题都会让他们困惑，并觉得这次旅游困难重重。因此，要实现良好的与外国社会的旅游跨文化沟通，应该了解并尊重东道主地区的价值观、各种规则和风俗习惯。

事实上，文化休克对旅游者的影响会因旅游者类型差异而不同。团队大众旅游者因受旅游业“环境泡”的保护，遭受文化休克的可能性较小并且程度较轻。而突破旅游业“环境泡”的“漂流者”由于深入东道主社区文化，会面临很多文化冲击，因此遭受文化休克的可能性就较大而且程度较强。

通常我们认为文化休克发生在游客一方。可相关研究人员经过研究证实，东道主群体也会受到文化休克的冲击。旅游主客双方互动使双方都倍感压力，因为他们都面临新的价值观、行为方式、风俗习惯的挑战。而当东道主对游客来源地文化毫无了解或知之不多时，游客来临对东道主带来的文化冲击就会更大。

（三）旅游文化休克的阶段

奥伯格认为游客经历的文化休克可以划分为四个阶段：蜜月期、敌意期、恢复期和调整期。在蜜月期，游客对东道主社区的一切都有新奇感，态度乐观且积极，他们主动与东道主交谈并学点日常外语，在各方面都表现得彬彬有礼。如果游客住下来，随着游客开始体验东道主社区的真实生活情况，这种“库克式旅游心理”随之消失，游客开始进入敌意期。在这一时期，生活的各种困难迎面而来：语言、入学、交通、住宿、交友等各方面都变得困难。东道主无法理解游客对日常生活的过度担忧。这时，游客觉得没有受到重视，便产生敌意，开始批评东道主的生活方式、价值观、行为方式等各个方面，并讨厌东道主及其文化。但随着游客对东道主语言的掌握，他们开始融入新环境，就进入了恢复期。在这一时期，游客先前感到的巨大不适感逐渐消失，对自己的语言和处事能力越来越自信，他们增强了应对新环境的能力。最后一个阶段是调整期，这一阶段完成后，游客已经完全接受东道主地区的习俗，并将其作为自身的一种生活方式。①

约翰·古拉豪恩与珍妮·古拉豪恩发展了奥伯格的“文化休克”四阶段论，将其“文化休克”细化到六个阶段：蜜月期、敌意期、调整期、调适期、反向休克期、重新调整期。②

1. 蜜月期

这一阶段旅游者主要呈现出惊喜、乐观等特征。初到旅游目的地，旅游者对新的文化环境充满期待，内心兴奋、情绪高涨，对旅途生活有着美好的憧憬，对所见人物、景致、事物等一切都很满意。但是这一阶段持续时间较短。

2. 敌意期

这一阶段旅游者开始经历东道主社区生活各方面并产生不适应的感觉，并开始抵触当地文化，更多地与自己的旅伴或同文化背景的人交往。这种不适应有两种表现：敌意和回避。

3. 调整期

经历了“敌意”阶段后，旅游者开始尽力去适应东道主文化，尝试与本地人接触，了解其语言、饮食文化、风俗人情等，慢慢接受文化差异，并最终适应了当地文化。

① 周毅，刘洋．旅游文化[M]．北京：中国人民大学出版社，2016.

② 周毅，刘洋．旅游文化[M]．北京：中国人民大学出版社，2016.

4. 调适期

在此阶段，旅游者处于既想回家又想继续留在旅游目的地的矛盾情形中。此时，他已经接受了文化差异，并将其视作一种独特的生活方式。

5 反向休克期

此时旅游者已经回到家中，经历着从适应东道主文化到回归母文化的第二次文化转换，再次感到不适，如同“醉氧”。

6. 重新调整期

旅游者为了能重新投入工作，不得不调整心态，重新适应本土文化的行为方式和习俗。一般对于旅游者而言，因为离开时间不长，重新调整比较容易。

对文化休克进行阶段的划分，对于我们深入研究旅游跨文化互动中的文化休克现象有着重要的意义。同时，基于这种分解还可以进行实际的运用，以提高旅游跨文化互动的效率。

第四章　旅游文化传播的策略

中国古人讲“读万卷书，不如行万里路”，现代人讲“身体和心灵总要有一个在路上”。如果说中国古人讲究的是在旅途中学习书卷上学不到的知识和风土人情，那么现代人则是在此基础上，更讲究心灵上的放松和对自由灵魂的追求。由此可以看出，现代人对于旅游的需求已然大有不同。再加上为了迎合人们对于旅游方面的不同需求，旅游文化传播的媒介和传播途径在新媒体发展的基础上产生了很多新的形式。本章节将通过这些不同的传播媒介，来阐述有针对性的传播策略。

本章的主要内容是旅游文化传播的策略，分别从三个方面进行相关论述，依次是传统媒介传播策略、网络媒体传播策略、其他形式的旅游文化传播策略。

第一节　传统媒介传播策略

随着人民生活水平的提高，旅游已经成为丰富大家精神世界和文化生活的重要方式。针对庞大的用户市场，各旅游目的地不断完善自身建设及创新营销传播方式，在各种旅游信息逐渐增多的现实情况下，各旅游目的地之间的竞争日益激烈。尽管当前互联网时代下新兴的传播媒介发展迅速，但在某种意义上，基于互联网所发布的相关旅游信息的真实性往往逊色于传统传播媒介。这主要是因为互联网虽然促进了信息的传递，但人人皆可成为传播主体和传播媒介，鱼目混珠的现象出现概率较大，因此在某些时候，传统媒介因其传播技术的局限性，反而更加具有权威性，由此也就能够让旅游者更加信任。而这也是在互联网时代下，不论新兴媒介如何发展，传统媒介都屹立不倒的真实原因。

传统媒介如何突出自身优势，精准将信息传递到目标受众中，对于众多旅游目的地来说是一个艰巨的任务。且当今游客需求多样，更多的是希望收获具有个性化及定制化的旅游服务，这对于营销传播及服务工作提出了更高的要求。所以，要利用传统媒介的先天优势，让游客注意到旅游地的文化特征。

一、电视视频、宣传片的传播策略

尽管利用电视播放旅游宣传片的旅游文化传播形式，在现在看来有些过于老套，但事实上，这样的旅游文化传播方式还是非常有效的。

从现实角度来看，旅游者们是信任电视上所宣传的旅游文化的，而有了这一层的信任，旅游者们也会更加放心和大胆地来旅游地进行旅游。同时，智能手机的广泛应用，使得高清旅游文化宣传片的播放变得简单，由专业人士拍出来的照片和视频，整体效果通常会高于个人的拍摄作品。因此，针对电视视频、宣传片形式的旅游传播策略，应注重以官方形式来发布。也许发布的内容时间间隔较长，但可以保证精品级的宣传内容，旅游者们也会对这一旅游文化传播形式给予更多的信任，并形成良性循环。

虽然手机在我们的生活中已经变得越来越必不可少，我们也十分依赖互联网，但事实上，人们看电视的习惯依然存在，而新兴社交媒体、营销传播系统越来越繁杂的现实情况也让旅游者们在进行旅游信息甄选时大费脑筋，因此，传统电视视频、宣传片的传播策略依然能够得到旅游者的重视。但鉴于旅游者对于饮食、住宿、交通、娱乐等方面的个性化需求，在用电视视频、宣传片等方式进行旅游文化的传播时，应更加注重突出此部分的宣传，从而吸引更多的旅游者。

二、宣传彩页的传播策略

与电视视频、宣传片的传播方式相同，宣传彩页的传播方式虽然十分传统，但应用在当前的互联网时代也依然具有一定效用，只是使用方式应发生改变，也应有针对性地选择人群。因为宣传彩页的发放不仅会对环境造成污染，还会浪费自然资源。因此，对于旅游文化的主要宣传企业来说，宣传彩页的传播策略应具有一定的针对性，并且也应该向电子彩页的形式发展。例如，当旅游者到达旅游地点时，从火车或飞机等交通工具下来以后，就会有景区的工作人员负责景区介绍等工作，并引导旅游者自行取用旅行宣传彩页。这将大大提高旅行宣传彩页的使用率，同时还能更有针对性地为游客进行旅游景区的讲解，避免旅游者误入旅游陷阱中。再比如，可以利用彩信、微信公众号等形式，向旅游者发送电子版宣传彩页和景区地图，方便乘客进行游览。

这种形式的旅游文化宣传虽然形式单一，但更有针对性和更符合互联网时代的宣传推广，也能够使传统宣传手法焕发新的生机，这种新、旧结合的宣传策略显然能更好地兼具互联网宣传和传统宣传的优点。

第二节　网络媒体传播策略

互联网诞生于 20 世纪 60 年代末的美国，并在 20 世纪 80 年代进入快速发展期，20 世纪 90 年代后工商企业开始与互联网连接。我国的互联网始于 1987 年钱天白教授的一封电子邮件，从此互联网“越过长城，通向世界”。而互联网真正在国内普及是 1995 年，当时中国电信开始通过电话网等方式，向社会公众提供互联网接入服务。只不过当时人们的消费水平有限，很多家庭都不能支付一台计算机的高昂价格，因此当时互联网的发展速度并不迅速。但随着人们生活水平的不断提高，计算机价格的不断下降，计算机和互联网开始真正走进了每一个中国人的生活中。

伴随着移动通信技术的发展、智能手机及 Wi-Fi 的普及，互联网变成了移动互联网，影响并引导我们的生产生活。与此同时，移动互联网也因为其可移动的特点逐渐渗透到了我们现代人生活和工作的每一个场景中。可见，未来利用互联网的力量发展旅游产业、推动旅游文化的传播是非常重要的。

在利用互联网传播旅游产业和旅游地文化的同时，很多旅游地也都利用互联网的诸多优势，激发出该地新的旅游资源，并逐步对原有旅游资源进行创新发展。近年来，旅游产业也开始在微博等社交平台上有了自己的专属账号，以达到增加社会曝光率、影响力的作用。在这方面，北京故宫博物院的相关工作做得十分到位，更是形成了知识产权品牌，并且与多家优秀企业进行合作，共同创造属于故宫博物院的文创产品。其他的很多博物馆也紧随其后，开始了营造品牌知识产权之路，他们针对自身博物馆特色，创造了符合新时代的文创产品。在进行宣传思路构思和整体设计以及后续的宣传方式等方面，也采用并遵循了互联网信息传播的基本方式。

随着互联网的不断发展，互联网的相关技术和产业也在逐步与我国工商企业相融合，互联网经济、电子商务等行业的不断兴起，也形成了我国营销市场的又一发展方向，系统的网络营销模式和策略开始兴起。这也影响着我们当前旅游产业中旅游市场和旅游地文化的营销和推广模式。随着时代的变化和人们对旅游需求的增多，旅游市场和旅游地文化的营销和推广模式也成了旅游产业中十分重要的一部分。尽管网络营销发展的速度很快，但现有关于旅游市场和旅游地文化的营销和推广的模式仍然有限，尤其是更有针对性的体验式、主题式的旅游文化产业，在传播推广旅游文化的过程中缺乏创新性。对此，互联网会给旅游文化的传播推广带来新的方向和策略，同时，也给旅游文化传播推广带来新的创意和思路，这将拓宽旅游文化与更多产业的结合，从而促使旅游文化向更广阔的世界发展。只有旅游文化传播和推广的方向正确，内容新颖丰富且足够多元化，旅游文化才能够真正在互联网上大放异彩。

当前，有两个最快的网络传播途径：一个是在社交平台、公众号上发布一些软文，另一个就是在短视频平台上发布一些短视频，这两种传播形式也是手机用户了解世界的重要手段。一般来说，各种社交平台上和公众号上发布的信息多以文字或图片的形式，而短视频平台上更多的是发布一些剪辑好的短视频，这种短视频能够快速又直观地向手机用户传达相关信息。由于这种短视频的时长一般都控制在十分钟左右，所以对于很多用户来说，观看起来是没有什么时间上的压力的，利用碎片时间就可以观看。针对这些新兴的传播媒介和传播途径，很多传统媒体也在谋求转型，试图用数字化的方式来实现自身的发展。新媒体已经成为现在人们获取信息的主要方式。为了提升人们获取信息的有效性和准确性，必须在新媒体信息的编辑形式上进行创新，积极调整排版，以迎合人们的阅读和观看习惯。简言之，就是要保证编辑排版可以跟上新媒体发展的速度和水平，一切为读者服务，促进新媒体得到进一步发展。

一、社交平台的传播策略

从心理学来讲，人们在尚未决定旅游之前，就可能已经了解了来自旅游地的文化、风土人情等各类信息，并在一段时间内会下意识地主动关注旅游地的相关信息，从而会对旅游地产生向往，同时也会将现有的信息碎片整合，形成对旅游地的印象，而这就是本底感知形象。这一形象是日积月累形成的，会在人们的内心留下很深的印记，因此，在进行旅游文化传播和推广过程中，要尽可能地在潜在旅游者的心中确立对旅游地的本底感知形象。鉴于本底感知形象形成的特殊方式，互联网社交平台将会是最好的传播媒介。因为随着移动互联网的发展及无线的广泛覆盖，在快节奏的社会中，人们更倾向于利用碎片化时间接收简短精练的信息。互联网那个社交平台凭借低成本、操作便利、即时互动的特点，成为大众沟通交流和获取信息的重要方式。面对其众多的用户市场及强大的传播力，各行各业纷纷入驻，旅游目的地各利益相关的企业也不例外。而互联网社交平台的碎片化信息特征，也将会影响旅游文化在社交平台上的传播和推广的方式，甚至每一个互联网社交平台上的宣传方式都会有所区别。

除此之外，新兴互联网社交平台，也会有很多关于旅游景点景区、旅行行程分享、旅行游记、地方特色餐饮产品、客栈民宿等方面的介绍，从而给潜在旅游者提供更多的旅游地详细信息。相较于微博、微信公众号等社交平台的推广传播方式，小红书、知乎、大众点评等平台，将更加注重分享式的旅游体验，或者是排除一些旅游地的虚假宣传以及相关产品的评价等方面的内容。这种平台的宣传推广更多的是游客的自主行为，因此，很多潜在游客在去旅游地旅游之前都会到这些社交平台查询攻略。但无论是什么样的社交平台，在进行旅游文化传播和推广的过程中，都会注重信息发布者与用户之间的互动。尽管，信息发布者有可能是旅游地的官方发言人，也有可能是曾经的旅游者，但观看、浏览信息的用户都是潜在的旅游者，因此，这种互动是能够提高旅游文化传播和推广的效果。

针对旅游文化在互联网社交平台上的传播，应需要注意以下几点。

其一，应着重渲染旅游地点独特的自然风光、地域文化等特点。这是旅游文化传播的核心部分，也是人们选择旅游最根本的原因，这方面的内容应该以图片为主，视频为辅的形式来宣传。可以通过在互联网社交平台上发布关于旅游地的自然景观、名胜古迹的图片，并配以时下的热点话题，或是结合节气或节日，以此来加深潜在旅游者对于旅游目的地的印象。

其二，应顺应时代发展规律，用人们喜欢的方式去宣传旅游目的地的相关内容。人们选择旅行不仅仅要看旅游地的独特风采，还想要感受从未感受到的生活方式，现代人尤为重视这一点，因为当代人的生活过于单调，城市越来越大但属于自己的空间却越来越小，能够体验到的生活方式也越来越单一。在这种情况下，人们就倾向于在旅游中尝试从未体验过的生活，体验当地的民俗风情、选购特色旅游纪念品、采摘当地特有的农产品或其他土特产品等，这些都能吸引当代人的目光。

其三，应着重宣传旅游线路的多元化和快捷化。近年来，人们对于旅游的定义发生了本质上的变化，过去人们更愿意在孩子的寒暑假时选择出门旅游，或是选择在“国庆节”“劳动节”等较长的假期出门旅行。但近年来人们逐渐认识到，选择非假期的旅游淡季出行不仅会获得更好的旅游体验，还能够节省一部分旅游开销，其中主要是节省住宿方面的开销。这样的认识让人们开始选择周末的短途游，或是城市周边游。再加上高铁、动车的不断发展，让城市与城市之间的距离更近，出行时也能更快到达目的地。人们能够节省下大量的时间，去欣赏自己喜欢的景色，而在进行旅游文化传播的时候，快捷的交通和多元化的旅游路线，同样也是吸引游客的关键所在。

其四，应着重宣传旅游地中安全、卫生、特色的民宿酒店。在旅途中最重要的莫过于住宿的选择，同等价位下，游客就会在住宿环境的安全、卫生、舒适等方面进行比较。经济条件允许的情况下，游客们也会更加关心住宿环境的服务、配套设施、设计亮点等方面。随着我国国民经济水平的不断提高，未来将会有更多的旅游者关注住宿环境，因此宣传特色的民宿酒店，也将是旅游文化传播过程中非常重要的一部分。

二、短视频形式的传播策略

时下短视频发布平台的发展可谓是风生水起，相较于传统互联网社交平台上发布的内容，在短视频平台发布的内容将更容易被人们所理解，同时，短视频的创作门槛较低，且短时间内就可以完成，这能够得到更多创作者的认可与支持，而这也是抖音等短视频平台迅速火爆全国的关键。大多数人利用简短的时间进行观看，并点赞支持，或留下评论与其他用户进行互动。其实短视频发布平台也是社交平台的一种，但短视频平台更加注重用户与用户以及信息发布者与用户之间的互动，相对于传统的互联网社交平台的官方宣传，短视频平台上的官方宣传更加趣味化，因此会呈现出更直观的视觉感受，也更适合全年龄段的潜在旅游者。因此，在短视频平台上进行宣传时应注重旅游信息的直观表达，不论是旅游风景和路线的展示，还是历史文化发展的历程，都要尽可能简化，并将重点内容突出出来，从而被更多用户所了解。

此外，在短视频平台上做旅游文化的宣传时，也应注重信息传播的趣味性。因为短视频平台上所发布的短视频作品时长，大多都不会超过一分钟，如此快速的浏览，会使人们审美疲劳，缺乏趣味性和没有重点的短视频作品不会受到用户的喜爱，用户也不会转化为创作者的粉丝。当然，发布短视频的效率也将会是在短视频平台上进行旅游文化传播的重点，因为只有尽可能多地发布短视频，才有可能被更多的人注意到，才能够将用户转化为创作者的粉丝。

三、微信推文和朋友圈形式的传播策略

2011 年微信出现并率先在年轻群体中广泛使用，凭借其即时语音与视频通信功能以及低廉的资费等优势迅速席卷各年龄群体。而依托于微信平台的各类自媒体形式也迅猛发展，因此，微信公众号和朋友圈的宣传形式也得到了越来越多商家和旅游从业者的关注，从而演化出了微信推文等宣传形式。与此同时，今日头条、百度等新闻或网页平台，也在自己的平台中发布类似的推文，并形成了以文字为主导的推文宣传方式。这种类型的推文的信息发布者都以旅游者的身份自居，而推文的内容也是以旅游过程为主。这类营销手段成本相对较低，机动性强，运营维护操作也较为简便，因此成了很多商家、企业等常用的宣传手段。此外，这种推文形式的旅游文化传播也能够得到一大批文艺爱好者的青睐，信息发布者利用旅游者的身份，能够得到更多用户的信任，有效地使用户感受到旅游地的独特文化。

而通过微信朋友圈平台投放宣传资料，并邀请朋友点赞、转发等方式，也成为不少旅游行业从业者们普遍选择的低成本宣传方式。因为这样做不仅能够增加旅游者与旅游地的联系，同时也能够借助这样的“熟人”模式更好地吸引游客。这两种旅游文化的传播方式，都是借助旅游地的好口碑来吸引更多的游客。因此针对这种传播方式的策略是利用原有游客基础，继续“安利”，让更多的“吃瓜群众”来旅游地“拔草”，并逐渐扩大游客基础、扩大潜在游客的范围。

四、专业性旅游门户网站的传播策略

互联网时代的到来让网络与旅游产业的发展也结合得十分紧密，携程网、同程网、去哪儿网、途牛网等专门的旅游门户网站也迅速崛起。在这些网站中，旅游者可以查找到关于旅游地的大量有效信息，包括住宿、旅游线路、美食、相关活动等信息，订酒店、购买景区门票、预约旅游大巴等服务，还具有火车、飞机等订票的功能，可以说是旅游者必备的网站。因此，针对这种专业性旅游门户网站的传播策略就应该是更加真实有效的内容。因为很多旅游者在这些网站上浏览时，多半是已经下了决心要去旅游地进行旅游，甚至可能已经在旅途中了，因此，在这里应该是以实际的路线、发团方式和信息，以及酒店的具体详情、剩余客房等真实且具体的信息为主了，这能够促使旅游者更快速、放心地下单。

第三节　其他形式的旅游文化传播策略

一、以多种形式为主导的传播策略

（一）以品牌IP为主导的传播策略

很多旅游地发展一段时间后，会形成一定的规模和影响力，而借助这些规模和影响力，旅游地的品牌IP也会逐步建立起来，因此，以品牌IP为主导的传播策略是旅游地文化传播发展的必然方向。在这方面做得成熟的有北京的故宫博物院以及上海的迪士尼乐园。尽管旅游品牌的发展方向并不相同，但最终都以独特的魅力为大众所知晓，并成了旅游从业者的学习对象和旅游者必去的景点，甚至还与很多企业形成了合作。比如，故宫博物院与国产化妆品品牌合作推出故宫系列彩妆，迪士尼与各大国际服装品牌联名推出服装、包等产品，并创造出了属于自己的文创产业，同时还在淘宝等电商平台建立了自己的旗舰店。未来品牌的力量将会更加强大，而借助品牌IP的力量进行旅游文化宣传也将会更有说服力。互联网时代背景下，不论在哪种行业中，只有形成了品牌IP，才具有品牌影响力，才能在进行旅游文化传播的过程中拥有更多的话语权，才能获得和更多企业合作的机会，才能在潜在旅游者的心中留下更深刻的印象。因此尽早建立起旅游地品牌IP是非常明智的选择。

（二）以文创产品为主导的传播策略

以旅游产业和旅游文化为依托而诞生的文创产品，不仅是传统旅游纪念品的升级版、精品版，更是旅游地历史、文化的传承产品，是具有一定代表性和文化性的产品。因此，文创产品面世以来就受到了社会各界人士的喜爱，也更有效地使人们了解旅游地的文化特征。

未来文创产品的设计和创作的范围将会更加广阔，甚至可以涵盖生活的每一个方面，更会在一定程度上成为人与人之间相互表达友好的重要工具。这样的发展方向，将会对文创产品所在的旅游地和旅游地文化的传播更加有利，并在某种程度上促进旅游品牌的形成和发展。

（三）以饮食文化为主导的传播策略

中国人认为“民以食为天”，一日三餐是中国人生活中非常重要的一部分。中国幅员辽阔，不同的地区有着不同的美食，几乎每一个城市都有当地的特色小吃。因此，以地域的独特美食文化为主导进行旅游地文化的传播是可行的。

（四）以主题购物商业街、风情特色民宿为主导的传播策略

在信息技术迅速发展的时代背景下，包括旅游业在内的社会各行业与互联网的融合趋势渐深渐广。主题购物商业街和风情特色民宿将会是未来旅游产业发展过程中十分具有综合性的领域。尽管主题购物商业街和风情特色民宿的经济体量较小，一直以来并未引起学者们的足够重视。但其影响力，或者说是对整个旅游文化未来发展的影响却不容小觑，往小了说可以吸引人眼球，增强游客体验感，往大了说，它可以促进旅游文化向更有内涵的方向发展。同时，特色民宿也具备当地独特的地域、人文、历史文化，并将这些文化加以传播和继续发展，这对于当地的城市文脉的延续，对于中华民族文脉的延续，都会有积极的促进作用。

主题购物商业街和风情特色民宿在运营的过程中，能够将旅游者带入旅游地独有的文化、艺术、民俗风情中去，从而近距离感受旅游地的文化，这对于很多旅游者来说都有着较强的吸引力。同时这种产业模式与互联网的联系更加紧密，深受网络影响并不断变革调整，能够不断吸引各个年龄段的人群前来游玩和消费。更重要的一点是，主题购物商业街的组成一定是当地独有的文化传承产业，这种产业具有历史的厚重感，有些还可能是传统工艺或手工技法，这不仅是旅游地人民的精神财富，更是全世界人民的精神财富。如果借助主题购物商业街的开发，让这些传统的工艺、手工技法能够在当代社会中得以传承，那旅游地的文化和地域特征也就能够长久地保留下来。这对于旅游地文化的长久传播，旅游地资源的合理开发和利用也是有好处的。

长久以来，风情特色民宿一直是单打独斗式的经营方式，尽管这些民宿的装修很有特色，但因营销、广告成本较高且抵御市场风险能力较差，已跟不上瞬息万变的市场。但发展风情特色民宿又是旅游产业发展的必然，因为不仅旅游者们期望体验到独特的住宿环境，更重要的是，风情特色民宿能够将旅游地的文物遗址、遗迹，文化的发展脉络等方面以另一种形式进行传播，这具有一定的现实意义，同时也对未来具有深远的意义。因此，尽管每家风情特色民宿的风格各有不同，但他们却共用着同样的宣传媒介和相同的运行机制，从而减少成本和不必要的开支，实现资源的最大化利用。

（五）以特色体育运动为主导的传播策略

体育旅游是建立在旅游的基础上，具有健身、娱乐等功能性的旅游活动。体育旅游资源为体育旅游提供了基础，而这种基础的构建来源于当地特有的自然、地理、环境、人文等资源，资源的多样性决定了体育旅游资源和项目的多样性。自 2017 年开始，国家开始正式推动运动休闲特色小镇的开发，这种旅游与体育相结合的新形势，将使两个行业迸发出新的生机，也能够给旅游者中的运动爱好者提供新的休闲体验。

传统体制下的旅游产业形式较为单一，对于很多旅游者来说，旅游仿佛是走马观花，并不能够真正的感受旅游地的特色风采，而运动休闲特色小镇的开发，带领旅游者尽情在旅游地留下自己的脚印，也能促进旅游地旅游资源和体育资源的进一步开发利用。当然，体育行业也能够借着旅游行业发展的东风，迅速在全国各地蓬勃发展，逐渐引起人们对于体育事业的重视，使人们能够更加注重自身的身体健康。从经济发展的角度来讲，这是体育资源和旅游资源互补与互利的合作，也是促进两者融合、共同发展的契机。早在古希腊和古罗马的历史典籍中，就有人们外出旅游参加各种运动会的记载。这说明体育旅游作为一种经济和文化现象，在古代就已存在。目前来看，国外体育旅游发展较早，并且积累了许多成功的开发经验。国外体育旅游开发主要分为参与型体育旅游和观赏型体育旅游两大类型。从参与型体育旅游的开发现状来看，发达国家优于发展中国家。目前在美国、加拿大、法国、英国、澳大利亚、新西兰、西班牙、瑞士以及荷兰等旅游发达国家，参与型体育旅游发展迅速，并逐渐成为一种时尚。比如，滑雪、登山、潜水、帆板、滑水等利用自然地势开展的体育运动，就得到了多数国内外旅游者和体育运动者的喜爱和认可，并积极地参与其中。

与此同时，景区也可以举办各种各样的体育赛事，因为从观赏型体育旅游的发展来看，各种世界性的大型国际赛事和体育旅游节，都将成为旅游地的人们和世界各地的旅游者的一项重要娱乐休闲旅游内容，届时会有大量的游客和体育运动爱好者前来观赏。这不仅能推动旅游和体育事业的发展，同时还能极大带动地方经济的参与。大型体育赛事本身就是一个非常庞大的体育旅游资源，规模越大体育旅游开发的价值就越大，如奥运会，从一定程度来讲就是庞大的体育旅游资源。除此之外，诸如世界杯足球赛、洲际运动会、世界大学生运动会、环法自行车赛、方程式汽车大奖赛等也是较大的体育旅游资源。

在未来，旅游体育会向着更加环保、更具特色的方向发展。例如，利用山地峡谷类可开展登山、攀岩、野外生存等体育项目；利用草原草地可进行赛马、穿越、射箭、摔跤、马术表演、滑草等运动项目；利用沙漠戈壁可进行探险、徒步穿越沙漠、汽车摩托车拉力赛、热气球、跳伞、滑翔、沙浴、滑沙、沙滩排球、沙疗等项目；利用河流湖泊可开展野外旅游、漂流、滑水、划船、赛艇、赛龙舟、羊皮筏竞渡、垂钓、潜水、水球等项目；利用冰雪和冰川资源可进行滑冰、滑雪、攀冰、雪橇等项目。当然还可以举办少数民族体育活动，而这些项目也都是旅游文化传播过程中十分重要的部分。

在以特色体育运动为主导的旅游文化传播的过程中，不仅应主要突出地域文化的特点和体育运动的特别之处，更要突出特殊的地域文化带给旅游体育巨大的发展空间，同时，在这种特殊的资源利用下能够对中华几千年的文脉传承有着更加深刻的认识。

（六）以科学探究为主导的传播策略

科学探究旅游作为现代旅游产业中的新生事物，起源于欧美发达国家，并迅速在许多国家和地区得到发展，成为现代旅游产业和科普教育事业中一股不可忽视的力量。而工业科普旅游作为科普旅游的重要部分，它与科技馆、研究机构等开展的科普旅游一样，在旅游产业和科普教育事业中发挥着重要作用。半个多世纪以来，科学探究旅游从欧洲到美洲，再到亚洲，在许多国家和地区迅速发展起来，成为旅游产品体系中的新兴部分，其范围也逐步扩大，从最早的参观企业生产场所、生产过程，延伸到科研机构、大学、科技馆、博物馆、天文台、气象站等领域，还出现了以主题公园、营地等为依托的科学探究旅游形式。

如果说传统的旅游文化是以宣传旅游地别致景色，弘扬旅游地文化为主，那么现在的旅游文化更有深度，针对当地的文化进行深入探究，甚至会对当地的高科技产业进行旅游资源开发。科学探究旅游既是一项科学事业，也是一项旅游事业，科技和旅游是紧密地结合在一起的。通过游览和观赏科技景点，达到身体和精神层面的愉悦是科技旅游的初始动机和主要目的。而通过了解和体验科技知识，达到思想和文化层面的升华，则是其核心内容和最终效果。因这一旅游形式对于旅游者有启发性，对旅游地科技文化有传播性，所以，这种旅游形式也得到了很多学校和爱好高科技旅游者的青睐。随着国家对于科学教育的愈加重视以及对孩子们研学活动的认可，以科学探究为主导的旅游，将成为各大中小学热烈开展的旅游项目，同时也能够成为有孩子的家庭在寒暑假期间备选的重要旅游项目之一。

这种类型的旅游形式最大的特点是能够将旅游地的人文文化、历史、地理等特征与相关科技、工业等产业的知识相结合，能够让旅游者在旅游的过程中，身临其境地感受旅游地的独特文化和科技成果，更能够通过旅游地的科技现状，与其地理、文化相结合，推导出旅游地科技、工业发展的成因。这不仅仅是一个探究、学习，或是体验的过程，更主要的是，这是一个透过现状而不断思考的旅程。由此可见，以科学探究为主导的旅游形式，是将科技和旅游有机地结合为一体的高层次的文化旅游类型，其基本形式是以旅游资源中的科学技术要素和成分为基础，利用各种自然和人文景观，进行科学综合规划的设计，形成集观光、科普、生产、体验、娱乐于一体的旅游活动或产品。

在进行以科学探究为主导的旅游文化传播时，应注重对旅游地“科技”的宣传，如果没有“科技”，那么科学探究旅游便也失去了区别于其他旅游模式的特色，从而也就不能达到挖掘传统旅游资源科技内涵、提升传统旅游形式文化品位的目的。但同时科学探究旅游也要保持“旅游”的参与性和趣味性，不然的话科学探究旅游也只能停留在一般科普教育活动的层次，从而也就无法实现寓教于乐的初衷。因而以科学探究为主导的旅游应注重以下几点特征。

其一，科学性。科学探究旅游以旅游形式为基础，以科学、科技、工业为主要内容，在娱乐和游玩的同时传播科学、科技、工业的信息，并在这一过程中普及科学知识、宣传科学思想。使之从科学探究旅游的形式、内容到服务手段方方面面都体现出科学、科技、工业的相关特色。

其二，趣味性。科学探究旅游之所以能够吸引更多的游客和孩子们，非常关键的一点就是突出和强调了在传播科学、科技、工业过程中的趣味性，并利用这些趣味性来吸引旅游者，引起他们观察的兴趣，从而进一步引发他们对于科技和工业方面的研究与思考，最终达到进行科学教育的目的。

其三，参与性。科学探究旅游可以通过开放科技和工业产业的展厅、研发空间和流水线车间等形式，向旅游者展示科技和工业产业，并邀请旅游者参加其中的一些小实验、小游戏，或是完成一些实际的工作，来突出、强调、引导和鼓励游客在旅游过程中亲自动手、真实体验，从而增加整个旅游过程的参与性。

其四，活泼性。科学探究旅游尤为注重在整个过程中的活泼性，因为，很多人都会认为科技和工业是非常严肃且枯燥的行业，同时很多科技和工业产业能够向外展示的核心技术相对较少，其设施也过于机械化，可能很多孩子会对此产生好奇心，但这种好奇心并不会使他们对科技和工业产生浓厚的兴趣，自然也不会引起他们对科技和工业的研究和思考，从而使科学探究旅游的主要特点逐渐缺失，沦落为一般的科普教育活动。因此，注重在科学探究旅游过程中的活泼性，将使科学探究旅游能够有效地区别于一般的科普教育，它用最活泼的形式来诠释深奥的科学知识，发挥着一般教育方法所不可比拟的作用。在以科学探究为主导的旅游文化传播过程中，应注重体现以上这些特征。只有这样才能够积极地促进科学探究旅游的开展，并使之最终成为完整的旅游产品。

对于旅游地来说，科学探究旅游也是经济社会发展进步到一定程度的必然产物，这种“工业＋旅游”融合发展的模式，不仅可以提升企业品牌知名度，满足游客求新、求知、游览、购物等多样化需求，而且可以助力制造业转型升级，增加企业利润增长源。由此可见，科学探究旅游产业的发展将不仅仅对科学教育等方面起到积极作用，更会促进工业和科技产业的发展。

（七）以另类探险为主导的传播策略

说起探险之旅，大家自然联想到登临雪山、攀爬悬崖或是潜入海底，这不仅要有良好的身体素质，更要有非凡的勇气，一场探险下来一定是惊险刺激又浑身酸痛的。关于探险旅游的概念，学者们目前还未有一致的结论。探险旅游协会认为探险旅游是“一种在不寻常的、奇异的、遥远的或荒芜的目的地从事的休闲活动，通常它与参与者的高强度的活动相关，多数在户外进行”。①

但无论从哪方面来讲，探险旅游都是具有一定危险性或挑战性的新型旅游活动，游客通过在原始地区或者户外探索或体验新颖活动来获得新鲜感和刺激感。探险旅游可以分为硬探险旅游和软探险旅游，硬探险旅游强度大、难度大、危险性大，需要借助一定的器材或设备才能进行，一般是在户外。高山攀登、沙漠探险、洞穴探险等都属于硬探险旅游；软探险旅游相对于硬探险旅游来说，难度较小，危险性较小、设备要求也没有那么严格，徒步穿越、山地自行车、“暴走”等都属于软探险旅游。另类探险旅游在此基础上，更追求感官上的刺激，另类探险的旅游者期望遇见更新颖的旅游形式。

随着人类社会的不断发展，越来越多神奇的事件被发展。但人们对于世间万物的好奇不减反增，由此爱好另类探险的旅游者也在逐渐增多。他们不仅对自然心存敬畏，同时也更加具有冒险精神。现在的探险之旅也不再局限于探索自然的艰险之地，例如徒步旅行、登山、乘筏乘小艇的峡谷探险、攀岩、山地自行车等

① 于卫华，袁治盛，方洁．旅游文化传播策略研究[M]．北京：华龄出版社，2020．

极限运动，还包括废弃医院、学校、工厂等城市探险以及穿越沙漠、横跨太平洋、摩托车骑行穿过亚欧大陆等各种形式的野外探险，还有更加猎奇和另类的古代墓地探险等。在进行这些另类探险的过程中，游客不仅仅是寻找旅途中的幽静风光、神奇景色、古朴文化，更在野外探险中探究自然的演化，在人工建造的旧建筑、过去用的城市下水道、废弃的厂房、动迁中的残垣断壁的老洋房中探寻人类发展的进程、人文发展的脉络，这使得活动更加刺激惊险，也更激发人们对近代文化内涵的追溯。尽管这些探险看起来似乎与旅游并不沾边，而更像是满足旅游者猎奇求新的心态，但这些探索精神、欣赏自然风光与历史文脉发展的过程，和旅游相比亦有相似之处，只是表现形式略有不同，或者说与传统旅游行业相比，仅仅只是侧重点不太相同。

从某种意义上来讲，另类探险旅游正是传统旅游产业的前身，因为在经济发展相对薄弱的地区，有很多旅游风景区、旅游项目，都是因为爱好另类探险的旅游者在此长久的活动而被熟知，并被逐渐开发出来。例如，张掖平山湖大峡谷风景区在开发之前，并没有像样的公路，都是一些边远的牧区道路，能进入的只有越野车车队。这里曾是越野车圈内知名的西部秘境之地，后来随着慕名而来的旅游者越来越多，才逐渐被当地重视和开发出来。目前整个景区的配属公路已经基本建成，成了普通游客也能自驾到达的一处张掖丹霞新景区。

当前，国内另类探险旅游的发展还处于初级阶段，因为这种旅游形式过于小众，很少会有旅行社针对此种类型的旅游者推出旅游产品。热衷另类探险旅游的爱好者也不会满足于常规的旅游产品，一定会开发新的探险路线和探险方式。也就是说，常规的、成系统和套路的旅游产品未必会得到另类探险旅游爱好者的青睐。

尽管这项旅游方式十分小众，但随着人们对于自然和废弃城市及相关设施的无尽向往与好奇，另类探险旅游也将是未来重要的旅游方向之一。最重要的是，热衷于另类探险旅游的爱好者，一般都是具有强健体魄的成年男性。他们有着良好的身体素质，且受过良好的教育。这个阶段的成年人是经济发展的主力军，他们大多数有着良好的经济基础。由此可见，另类探险旅游不仅有着良好的发展基础，更有良好的发展前景，同时这种探险形式也能够促进地方经济的再发展，尤其是对于甘肃省的许多开发过度的“工业城”来说，是一个非常好的发展方向。

（八）以知名大学为主导的传播策略

每当寒暑假，国内外的高等学府就会迎接大量的游客前来观赏和游玩，例如英国的剑桥大学、美国的麻省理工学院，还有中国的清华大学、北京大学、南开大学和厦门大学等。这些都是家长和学生们梦寐以求想要进入的学校。因此，到各大高校参观游览就成了中国家长和孩子们出游的必选项，尤其是当出国游兴起后，更掀起了到国外高校参观游览的热潮。

高校游的兴起，不仅仅是因为中小学生对大学生活的向往和好奇，更是因为家长希望通过这样的形式来激发孩子努力学习，制定考入名校的目标。从根本上来说，这是国内家长们望子成龙的一种心态反映。不过作为一种特殊的旅游形式，高校游对于很多莘莘学子来说确实很有必要，因为这些名校不仅环境优雅，而且学习气氛也非常好，同时可以近距离感受到学校的研究成果和研究方向。在这里游览不仅可以让中小学生体会大学浓厚的学习气氛，而且会帮助很多即将成为大学生的高中生把自己的理想和目标直接填写高考志愿上。由此可见，高校游可以促进高中生们树立未来的理想与规划，为即将参加高考的学生确立大学以及选择专业提供帮助。

因此，在进行以知名大学为主导的旅游文化传播时，应注重知名高校对学生思想的引导作用，将各大名校的优势特点展示出来，以供各位家长和学生有侧重点地选择和游览。

二、以文化活动为媒介的传播策略

文化活动依托旅游地的特色文化而兴起，而文化活动的产生也由旅游地的民族文化演变而来，这种文化活动通常是各民族的传统节日或活动。现如今，各民族的传统节日和庆典也变成了旅游者能够参与的节日，在这里，旅游者能够近距离感受到不同地域、不同民族之间文化的魅力，欣赏当地特色的歌舞戏剧等作品，倾听他们的神话故事和动人传说，了解他们的审美观念和艺术情趣。因而，在以文化活动为媒介的旅游文化传播过程中，应突出体现当地特色民俗文化和节日，同时也要展现其艺术作品中鲜明的艺术个性和顽强的文化生命力。

三、以旅游者满意度为基础的传播策略

衡量一个旅游产品是否有持久的生命力，是否成功转化为经济效益，是否为旅游者创造了良好的旅游体验和游客价值，其关键是要看游客是否对整个旅游活动真正满意。无论是哪一种形式的旅游，都应该以旅游者的满意度为基础。一般来说，旅游者会相对比较注重食、住、行、游、娱、购等方面的体验。只有旅游

者满意此次旅途，才会有向其他人推荐的可能，从而促进当地旅游业的开展，逐步提高旅游产业的价值。因此，这就要求旅游地的旅游景区和宾馆、餐厅等服务场所的接待和服务要具有一定的品质感和归属感，从而提升旅游者的满意度。这体现在饮食特色、新鲜而精致，住宿安静又卫生，交通便利且快速等方面，也体现在旅游观光过程中，导游讲解得是否细致、全面、专业、生动形象、通俗易懂。

在开展旅游活动的过程中，旅游者还会非常注意食、住、行、游、娱、购之间的关系。尽管每个人对于旅程各环节时间规划不同，但大体上旅游者都会希望自己游览观光的时间更多一些，因此他们也会十分在意导游是否暗自增加了购物时间。而同样是在食、住、行、游、娱、购等方面上，旅游者还会在意是否在旅途上多花了冤枉钱，是否浪费了时间等，这些与经济和时间相关的方面都会直接影响旅游者对于整个旅游活动的满意程度。

很多时候，受旅游地经济发展水平的限制，有些旅游地的食宿条件可能会让一些高品质的旅游者失望，这种时候就要注重旅游文化传播的真实性，将真实的情况反映出来，这样即便是旅游者会对旅游地的相关配套设施有所不满，也不会影响到他对于旅游地相关服务的满意度。所以说，旅游者对于旅游地的满意程度和认可度是基于多个方面产生的，真实的宣传占很大一部分，但同时更加细致而周到的服务以及平价的消费和顺畅无反复的旅程，会提升旅游者的满意度，从而提高对旅游地的认可度。

以旅游者满意度为基础进行旅游文化传播，不仅能够积极促进旅游地相关产业的发展，更能够促进旅游者向周围的人宣传，并最终促进旅游地相关旅游产业的发展，从而起到一举两得的作用。

第五章　世界级旅游城市建设中旅游文化传播实践——以桂林为例

本章的主要内容是世界级旅游城市建设中旅游文化传播实践——以桂林为例，分别从三个方面进行相关论述，依次是世界级旅游城市建设、旅游文化元素的挖掘与提炼、旅游文化传播路径。

第一节　世界级旅游城市建设

一、打造桂林作为世界级旅游城市的意义

（一）有利于打造“世界级”中国名片和中国品牌

从世界的角度看中国，桂林具有推介、宣传的重要作用，因为它具有很多得天独厚的资源，足以代表中国的旅游特色。作为我国第一批历史文化名城，桂林是至今为止国内外仅有的具有 3 个上万年古陶遗址（甑皮岩、大岩、庙岩）的城市，世界级文化遗产灵渠、龙脊梯田也都在桂林，灵渠用于农业，龙脊梯田用于农业。可称作中国自然风光名片的桂林山水更有“甲天下”的美誉。桂林凭借优美的生态环境和生态文明建设被列为我国第一批绿色旅游示范基地、我国生态文明先行示范市与我国可持续发展议程创新示范区。同时桂林也是中国第一批对国外开放旅游的城市，曾经有很多国外领导访问中国的时候来过桂林，并给出了很高的赞赏，因此桂林变成了中国与国外交流的代表性名片。

把桂林建设成世界级水平的旅游城市，既可以深入地增强桂林自然资源的利用率，使得桂林这座城市的底蕴和等级得到提高，从而探寻出属于桂林的高水平发展的新道路与新方式，又有助于进一步展现桂林作为国家开放窗口的重要意义，

更好地拓展中华文化的影响范围以及促进中华文化的对外宣传，推动中国和世界其他国家的相互的沟通与合作，促进国家进一步的对外开放。

（二）有利于桂林更好地实现高质量发展

自中华人民共和国成立以来，桂林市委、市人民政府带领全市人民积极进取，经济社会发展稳步向前。2012 年 11 月，国家发展改革委批复《桂林国际旅游胜地建设发展规划纲要》，桂林拉开国际旅游胜地建设的大幕。到 2020 年末，桂林基本完成国际旅游胜地建设的目标任务和战略定位，桂林经济社会发展水平和国际旅游影响力得到进一步提升。[①]

然而，在高质量发展方面，桂林也存在很多不足，如产业发展水平不高、基础设施不完善、科技创新与人才资源短缺、社会治理和民生保障水平不高等。

来到新阶段，桂林急需确定的问题是怎样打造一条独属于桂林的高质量发展道路，为此在建设国际旅游胜地的过程中需要抓准新定位、明晰新目标，明确怎样全面贯彻新发展理念，积极与新发展格局融合，自主对标党和国家旅游事业发展的总体目标与战略部署。

二、建设世界一流旅游城市需要处理好的关系

（一）突出的“点”和广阔的“面”之间的关系

突出的“点”与广阔的“面”间的关系是必须要解决好的问题。尽管世界旅游城市在某一地区呈现出极其突出的特征，然而若缺少突出的“点”与广阔的“面”就无法被称作世界一流的旅游城市。体现出城市的枢纽、通道价值，强化和周围城市间的联系、合作是建设世界一流旅游城市的必然路径。

（二）鲜明的形象与多元的内涵之间的关系

鲜明的形象和多元的内涵间的关系是必须要解决好的问题。鲜明的城市形象是作为世界顶级旅游城市的标志，使人们一听到此城市的名字，就可以联想到该地别具一格的城市形象。然而许多有多元内涵的有很大可能成为世界一流的城市的地方通常都具有综合性的特点，这是为了实现在主体意象基础上，满足不同层次、不同旅游目的的人群的旅游需求。

① 丁萍．打造桂林世界级旅游城市研究[J]．桂海论丛，2022，38（05）：104—109．

（三）大师的建筑和公共的讨论之间的关系

大师的建筑与公共的讨论间的关系是必须要解决好的问题。拥有大师的建筑打造成的地理标志是世界顶级旅游城市的一大特点，然而作为世界顶级城市的地理标志要有足够的包容性，需要建造能够让大众进行评论的平台，同时把这些评论反馈给大师与决策者。所有亲切的、值得记住的地标建筑必然是经得住大众评论的。相比于震撼力与冲击力，建筑总体环境的亲和力与感染力才是作为世界顶级旅游城市需要注重的焦点。

（四）城市的扩张和广场的焦虑之间的关系

城市的扩展与广场的焦虑间的关系必须要解决好。建设宽广的马路与开阔的广场并不是世界顶级城市的必需。因为宽广的马路在提升交通水平的同时影响了游客对城市的体悟；广场因为过宽而失去活力与可亲感，是专家口中的“广场焦虑”的原因，这些都是能够规避的问题。

（五）丰富的遗产与开放的心态之间的关系

丰富的遗产和开放的心态间的关系是必须要解决好的问题。作为世界顶级旅游城市核心元素之一的丰富的文化遗产有利于增加城市旅游魅力，然而更加关键的是凭借开放、包容的格局能够融合更多动态的、新的文化，由此探索出新的文化展现机制，这是世界顶级旅游城市持续生命力的源泉。

（六）固化的发展指标与动态的能力建设之间的关系

固化的发展指标和动态的能力建设间的关系是必须要解决好的问题。尽管指标非常重要，然而指标的制订没有统一的标准，同样的指标也会使得评价结果产生不同。倘若执迷于指标的完成，就会在世界一流城市发展进程中迷失自己城市的定位，指标性的评价通常是针对过去的积极评价，倘若缺少对未来建设能力的保障，此评价结果就会是不固定的、不能持续的。

在世界城市建设进程中，学者提出了应该建立完备的能力体系，包含投资能力、建设能力、扩张能力、控制能力、文化能力、聚集能力、商业能力、科技能力、吸引能力、公共能力、创造能力、环境能力、输出能力、服务能力、休闲能力 15 个层面的能力。

（七）相同的市界和不同的空间之间的关系

相同的市界与不同的空间间的关系是必须要解决好的问题。市界是大城市与小城市都具有的，然而大小城市间有着不一样的区域空间，所以对于外国入境过夜人次的定义会有不一样的体现。如英国伦敦，由于英国国土面积小，因此来伦敦旅游的大多数是国外游客；中国北京，由于中国国土面积比较大，因此来北京旅游的游客大多数来自国内，不过存在国际游客到伦敦旅游的距离比中国国内游客到北京旅游距离短的情况。这体现了，怎样在两个具有不一样的国土面积、人口总数的体系中制订世界顶级旅游城市的标准、处理国外入境游客在世界顶级旅游城市评选中的排名与比重，还应深入地进行实践探究。

三、加快打造桂林世界级旅游城市的对策

（一）强化政策支撑，凝聚打造合力

构建世界一流旅游城市是习近平立足党和国家发展大局对桂林的准确定位，具有重要意义同时对质量的要求较高，仅凭桂林市甚至广西壮族自治区自己的力量不足以完成。所以桂林在实施与利用好国家现有支持政策的基础上，还应加大力度去获得更多国家政策方面的扶持。

一是提议以国家发展改革委领头形成跨区综合推行机制，同时颁布有关政策支持桂林世界级旅游城市建设。

二是重点申请对桂林市建设综合交通体系、保护漓江、产业支撑、城市更新等重点项目提供大力支持。

三是重点申请中央编办支持把漓江风景名胜区管理委员会从处级单位提升为副厅级单位。漓江流域包括 1 市 5 县 6 区（荔浦市，兴安县、灵川县、阳朔县、平乐县、恭城瑶族自治县 5 县，临桂区、象山区、秀峰区、叠彩区、七星区、雁山区 6 区），漓江风景名胜区管理委员会是处级单位，很难管控流域范围内县（市、区）同等级单位，漓江风景名胜区管理委员会的升级有助于增强漓江保护的组织领导、统筹谐调和综合管理。

四是重点申请完善漓江全流域生态环境保护补偿机制的国家支持，成立常态化漓江流域生态环境保护专项资金。

五是重点申请桂林市依照海南国际旅游岛建设的实施方案，享受离市免税政策，推动桂林国际消费中心城市的建设。

（二）发展现代产业，实现产业升级

为完成产业高端化、智能化、生态化转型提升，需要强化以及统筹推进顶层

设计，加强科技创新，优化产业结构，建设和世界一流城市相匹配的生态可持续发展的当代产业体系。以引领、支持与推动现有知名品牌、巨大优势与特大潜力的产品、企业维持优势的同时基于高水平发展寻求新突破为前提，把“现代旅游业”和“数字经济产业”作为桂林市将来发展的核心产业。

一是提高质量，加大推动新型旅游、智慧旅游发展。旅游行业应以“世界级”为标准，对标国际化观念，以市场与旅游行业发展变化、游客所需为依据，突破传统的产品和门票思维，拓展旅游产业链，充实旅游形式，升级旅游档次与品位。将人工智能、大数据、5G 等技术和旅游服务深入融合，建立更注重以人为核心的智慧旅游服务体系，提高智慧旅游质量。

二是加大推动数字经济产业发展。积极与广西壮族自治区“十四五”规划中“加快数字广西建设”和桂林市“十四五”中规划有关推进优势主导产业、战略性新兴产业发展规划靠拢，从现实出发，加快健康食品（米粉、油茶、农副产品深加工等）、生物医药、生态旅游等传统产业的数字化改造。促进当代通信（5G）、电子信息（医学电子、生物电子、汽车电子）、人工智能、物联网（各种传感器）等数字经济产业的发展。大力发展先进装备制造产业与新能源、新材料产业等。提升世界级旅游城市建设速度以及夯实生态产业基础。

（三）开发融资渠道，破解融资难题

应采取多种方式充分利用有限的政府投资，吸引社会资本投入，促进大规模有效投资的实现，为桂林建造世界级城市提供资金保障。

一是发行专项债券。在国家目前跨周期调控政策的支持下，主动申请发行桂林世界级旅游城市打造专项债券，同时把这用作项目建设的资本。

二是实行 PPP 模式。迅速编订桂林世界级旅游城市建设 PPP 项目库，支持私营企业、民营资本和政府合作，投入桂林世界级旅游城市的公共基础设施建设中。

三是实施专业化运作，引入金融机构，最大程度降低政府债务压力。吸引金融机构使用“债贷组合”的方式提高政府信用，为重点工业项目制订贷款与债券整体化融资方案，提供资金支持与保障。

四是申请试行不动产信托投资基金试点。恰当、稳妥应用融资工具，即不动产投资信托基金，可以增强企业的二次投资能力与运营管理效率，还可以利用专业的投资机构，发行收益凭证、汇集投资者资金，激活存量的基础设施资产。

（四）聚焦“四大定位”，提升旅游品质

一是促进世界级山水旅游名城建设。坚持山水林田湖草沙系统治理，制订并且开展水体治理、山林保护修复以及品牌升级的专项方案，明确不同阶段的工作目标与重心。深入优化与完善相关法律体系，加大执法检查与责任追责力度。打造以漓江为典型的高等山水旅游项目与产品，提高质量充实底蕴。主动配合广西申请建设漓江国家果园。合理编订漓江国家公园规划，构建漓江生态环境监测预警系统与国家公园建设保障体系。

二是促进世界级文化旅游之都建设。桂林被称为国家历史文化名城，应最大程度的开发与整理它的资源，挖掘创造当地特色与世界级质量的文旅产业项目与品牌。为了加速灵渠的保护、提升和利用以及申请成为“世界文化遗产”，应该成立一个由市和县两级政府组成的申遗工作专项组，专注于灵渠保护和提升的问题，可以加强灵渠遗址的原生态保护和功能发挥，从而为灵渠申遗提供了更为坚实的理论基础和物质支持。努力推进长征国家文化公园在广西的建设，使其成为全国红色旅游的主要景点。组织全球范围内的文化交流与研究会议，以增强桂林旅游文化在国际上的吸引力和影响力。

三是促进世界级康养休闲胜地建设。桂林市应该利用其丰富的生态和康养资源，特别是中医药、休闲养生和健康养老等发展康养产业，除此之外电竞、医美和时尚设计等新兴业态，都应该得到重点发展。通过全面的规划和资源整合，我们可以成功地建立一系列高质量的主题街区、公园、小镇和示范基地。这不仅促进了“医、康、养、健、智、学”六个方面的健康旅游产业链的形成，还加速了世界医美中心、国家区域医疗中心和国家健康旅游示范基地的建设进程。

四是促进打造世界级旅游消费重心建设。依赖于桂林市的核心城区以及阳朔等主要县城，进行大规模消费商区的布局和建设。通过多种途径和形式来推广和营销“桂林有礼”这一品牌，重新塑造“桂林老字号”的形象，并致力于建设成为世界级的美食中心。积极推进免税购物中心在桂林市的设立，并致力于打造跨境电商消费体验中心、进出口商品的直销集散中心以及全球旅游集散中心。我们需要加大对旅游消费市场的监督力度，提高旅游消费行业的诚信服务水平，并努力为国际游客创造一个顶级的旅游消费氛围。

（五）提升治理效能，建设宜居城市

在打造宜居城市的过程中，我们特别重视“人”在其中所体验到的幸福和其它主观情感。所谓的世界级旅游城市，其核心是一个充满魅力并能带给人们幸福

的城市，这两者之间存在着紧密的联系。打造宜居的城市环境，关键在于促进城市结构的优化、功能的完善以及品质和治理效率的提升。

一是依据世界级旅游城市的功能导向，编订《桂林老城区更新发展规划(2022—2030 年)》，综合不同城区城市的更新行动，推进城区一致发展。

二是致力于不断提高城市的规划和设计质量，创建一个与桂林的自然风光和传统文化相融合的建筑风格、居住环境、具有文化气氛的城市。我们希望构造一个“山、水、城、文”融为一体的城市布局，实现“一砖一瓦皆成景，一街一道皆成文”。

三是对城市的基础设施进行完善，以增强其公共服务的功能性。加强公共服务设施、智慧城市和综合交通体系的建设。为了加速老城区的疏解和升级、新区的提档升级以及新老城区的联动发展，在新老城区之间的建设快速交通网络，以实现新老城区交通便利和功能互补的一体化发展。同时，创新发展“旅游＋居住”的城市新业态，以打造一个主客共享的城市环境。

四是提高城市治理效能。坚守为民服务的原则，专注于市民和游客所关心和期望解决的城市管理和民生问题。综合运用先进的技术手段，进一步整合、规范和细化城市公共设施的信息和基础服务，以推动城市治理走向更加科学、细致、智能和持久的方向，从而营造出一个宾至如归的居住环境，一个开放、文明和包容的社会氛围以及一个高效和廉洁的政务环境。

五是建设优美的人居环境。不断深化和有效地进行蓝天碧水净土的保卫战和农村人居环境的治理工作，使桂林变得更加美丽和洁净，提升居民的生活环境以及带给游客优质的体验，使桂林变成每个人都很享受的理想之地。

第二节　旅游文化元素的挖掘与提炼

一、桂林“水”的软硬件现状

（一）“水”的硬件设施基本完备

这里所说的“水”硬件设备主要指的是为漓江、灵渠等地提供补给水的水利项目。至今，桂林已经完成了多个水库的建设，包括青狮潭、川江、斧子口和小溶江这四个大型水库，这些水库的硬件设施方面基本满足了世界级旅游城市的标准。如桂林市川江水利枢纽工程是桂林市防洪和漓江补水枢纽工程的一部分，它位于漓江上游的支流川江上。该工程的开发目标主要是城市防洪和生态环境补水，同时也结合了灌溉和发电等多种综合使用方式。桂林市城区是防洪保护的主要目标区域，同时对漓江沿岸也具有防洪和减灾的功能。在枯水季节，向漓江进行补水是实现漓江生态环境改善的关键水源项目。

基于调研组多年的防洪补水效益数据，我们可以确定，在枯水期和汛期，相关水库和其他硬件设施的建设能够确保桂林漓江的总水量，从而为漓江旅游的顺利进行奠定了坚实的基础。另外，兴安县上桂峡水库的扩容 PPP 项目配套工程已经开始施工。一旦完工，水库的总容量将从 2080 万立方米提升至 7043 万立方米，灌溉面积也将从 2.9 万亩扩大到 3.97 万亩。这将在枯水期为灵渠提供持续有效的补水，对于缓解兴安地区季节性缺水问题、促进周边居民改善基础设施、以及推动兴安水资源的高效利用，都具有极其重要和深远的影响。① 漓江和兴安的补给水工程确保了漓江和灵渠在汛期和枯水期的游船用水需求，为桂林的相关旅游项目提供了关键的硬件支持，从而更有效地使桂林完成成为世界级旅游城市的目标。

（二）“水”的软件效应有待提升

漓江这一大自然的杰作展现了“水”的自然景观魅力，它融合了山与水，山的翠绿与水的秀美相互衬托，为桂林这座旅游名城提供了坚实的支撑。

在漓江的定位方面，漓江不只是桂林的生命线，更是桂林旅游文化的灵魂，同时也是桂林最宝贵的自然资源，更是全人类共有的生态宝藏。

在旅游发展方面，漓江作为一个世界自然遗产地，自从旅游成为一种重要的休闲生活方式以来，其名片效应就已经存在，并在全球范围内享有很高的知名度。目前，漓江已成为桂林最受欢迎的旅游目的地，几乎每一位到桂林游玩的游客都将其视为首选的观光地。

桂林文化和旅游的突出特点就在于它的“水”，也是桂林成为世界著名城市的原因之一，然而桂林的“水”所包含的旅游文化还有待进一步挖掘，桂林水文化体系有待建立，因此作为人文景点的代表还有很大的提升空间。

其一，已完善的人文景点“后劲不足”。在漓江，自然景点世界闻名，然而人文景点的发展动力显著不足。当前，《印象 · 刘三姐》剧场是以漓江为基础构

① 阳玉平．提升桂林“水”的名片效应 助力打造世界级旅游城市——关于漓江、灵渠水文化的调查研究[J]. 中共桂林市委党校学报，2023，23（01）：33-37.

造的特色鲜明的人文景点，也是国内乃至世界首个以实景为基础的大规模山水剧场。不过伴随不同地区“印象”派的相继涌现，《印象 · 刘三姐》的影响力会逐渐降低。剩余通过典故为自然景观增添影响力的人文景点，如漓江九马画山等，其缺乏新意的解说使得景观人文意义慢慢缺失。

其二，人文景点的经济效益和社会效应不均衡。灵渠虽然是桂林的又一个世界级的文化遗产项目，不过因为它的人文景点没有获得合理、有成效的挖掘，使得在很长时间中灵渠仅是桂林旅游的“附属品”。甚至许多到桂林旅游的人仅听说过桂林的漓江，没听说过桂林中那历史地位和都江堰不相上下的古灵渠。

“水”作为桂林的名片闻名于世界，却未给桂林带来相应的经济、社会效益，如到漓江旅游可以为桂林带来一些经济效益，但带来的社会效益却显著不足。也有像灵渠社会效益很显著，然而经济效益却不够的情况，在软实力挖掘方面，桂林“水”拥有巨大的发展空间。因此，如何应用、发掘基于漓江与灵渠的“水”资源，通过科学的发挥它们的文化名片作用，从而增加经济效益，促进世界一流旅游城市的建立，被视作目前亟待开展的重点课题。

二、桂林“水”的文化名片效应的现存问题

（一）保护与开发的创新力度不够

第一，模式缺乏变化，没有实现旅游多样性“融合”局面。桂林是一座历史底蕴丰厚的旅游城市，然而旅游模式缺乏变化是桂林旅游的大难题，同时也是来此旅游的人们的一致看法。比如在漓江只有乘船观漓江，尽管引入了千古情模块，还有品牌文化景观支柱《印象 · 刘三姐》，但是在整体上缺乏与蕴含创意的文化工程的结合与互动；在秦时期，兴安灵渠是世界水平的水利工程，尽管在2019年成立了灵渠博物馆，在2022年又提升改造为灵渠博物院，然而景点和博物院间的旅游联系并不紧密，不能引起游客发掘、体悟灵渠所具文化“内涵”的兴趣。

第二，没有基于保护进行优化利用。如灵渠被视为我国重要文物保护单位、世界灌溉遗产，就能够严格依照有关文物与灌溉遗产保护的规定进行保护和利用，然而现状是保护和利用的融合不足，使得灵渠未能充分发挥经济效益。在2021年前的很长时间里，灵渠是被外包出去的，后来因为经营不力同时对灵渠世界文化遗产申报过程有影响，政府才收回了灵渠的经营权，把与灵渠有关的旅游工程交由广西灵渠胜地文化旅游投资发展有限公司管理经营，尽管此公司一直在开展

灵渠周边有关工程的规划，然而至今为止依然没有形成十分清晰的、合理的“定位”和中长期发展规划。

第三，文化创意支柱欠缺，很难与游客旅游需求匹配。比如漓江的自然景点旅游文化内涵欠缺，基础的景观和文化解说既单一又无趣，游客仅关注对独具特色的自然景观的拍摄留念，对有关文化知识毫无兴趣，呈现有山水却无人文的趋势。灵渠也面临相同的境遇，旅游解说既重于形式，又会出现错漏。尽管当前桂林打算引进成功建设四川成都宽窄巷子的团队开展灵渠周围旅游工程的规划，不过详细的细节还需要讨论。

（二）水的生态保护力度不够

第一，相关部门对漓江执法监督不足。尽管桂林成立了漓江风景名胜区管理委员会专职管理漓江的执法监督，但是因为管理的流域广、区域宽、难度大，只通过一个部门无法彻底管理好漓江。治理与保护漓江需要很多个政府部门的通力合作，在法律法规的规定下，每个部门都具有不一样的使命，因为条块分割，很难规避“各扫门前雪”的现象，在水资源和环境整治方面依然面临“九龙治水”的困境。需要再次加大对漓江的执法力度，以应对漓江区域上的违法违规现象。比如虽然解放桥下景色很美，但缺乏对景点周边钓鱼者的管理；尽管漓江的山石、河沙的盗采治理取得了良好效果，不过以前盗采存留的“痕迹”没有彻底清理和恢复。2022 年 1 月 1 日《桂林市灵渠保护条例》正式施行，代表着灵渠保护、升级工程步入法制化轨道，不过仍存在着因以往执法力度不足积存下的问题无法在短时间内优化以及保护措施不完善、不具体的问题。

第二，市民保护意识有待加强。市民对漓江、灵渠的保护意识不足，这对漓江、灵渠的可持续发展不利。例如对漓江的文明保护应持续开展，即使在文明城市创建过程中也应重点开展；灵渠景区存在垃圾随意丢弃、环保设备更换慢等现象。

第三，“水”的开发和使用没有科学规划。当前只有保护漓江条例，没有其他保护、利用桂林漓江水质、水文化景观、“水”的名片效应的方案和举措，针对桂林水文化的总体构建和发掘使用仍是“空白”。

（三）水文化的宣传不足

第一，“水”的自然景观和人文景观不具有宣传合力。当前在“水”的宣传角度，桂林以漓江为中心，比如桂林市文化广电和旅游局对漓江旅游特色的宣传，缺乏对“水”的人文景观的凸显也就是灵渠的推广和推荐；灵渠的宣传独立于漓江的宣传，这种宣传具有局限性，不符合桂林旅游整合式宣传形式，即把漓江与灵渠视作世界级旅游城市的一体两翼的宣传形式。

第二，“水”的宣传媒介无法形成多元一体格局。桂林的旅游推广宣传一直在进行中，不过在宣传媒介多元并复杂化的当前，如果没有综合各种媒介开展总体宣传推广，就会产生宣传范围、深度欠缺的问题。比如在网络媒体上通过“水城”这个关键词，无法搜到桂林，只能搜到代表西方水城的威尼斯以及代表东方水城的苏杭、六盘水等城市。桂林特色鲜明的水文化没有被加进数字时代的信息海洋中。

第三，宣传和研究“水”的高层次、国际性平台不足。在国际上，每年都会举办一届水文化研究国际会议，有关研究在国际上很有知名度，在我国其他拥有水文化资源的地区也开展过有关研讨会，然而桂林未曾开展类似的研讨会，对“水”的研究存于表面，从而使得水文化的宣传效果大打折扣。

第四，水文化没有深入人心。在中国河流（运河）中，漓江与灵渠具有很高的历史、文化地位，在全国范围内，桂林地表水水质排名也很高，不过桂林市民对桂林山水中“水”的丰厚文化内涵并不熟知。

（四）投入的不足

第一，资金投入不足。尽管桂林财政持续为旅游产业的发展提供资金保障，然而只凭借财政，不能形成资金利用的有效且良性的循环。当前，因为财政紧张，必然会使得水文化优化更新的速度变缓。国家重要文物保护单位之一的灵渠修缮和提升的资金来源于国家文物局下拨的专项资金，尽管在努力争取，但是因为同批次参与争夺的项目很多，争取到的概率和数额无法达到预期。

第二，专业人才投入不足。对人才的投入是增加文化符号效应的必然要求。桂林未能利用好本地丰厚的文化、教育资源，比如桂林高校多、学生和知识分子多，应该最大程度抓住这个优势，建设桂林“水”文化宣传新特色，制订“水”文化宣传新思路。例如灵渠博物馆提升为博物院至今在工作人员方面仍面临专业性、专家型人才不足的问题，特别是国际、国内著名专家不足。

三、有效挖掘水文化资源的相关建议

古人云：“近山者仁，近水者智。”桂林是一座依山傍水的城市，要想提高它的宣传效果，需要深入发掘水文化的底蕴，最大程度把“仁”“智”体现出来。

（一）实行多模式探索发展

第一，精确定位桂林水文化。桂林漓江、灵渠具有丰厚的水文化，岭南文化特点中也有部分中原文化特色。为最大程度开发出桂林水文化所蕴藏的文化底蕴，增加“水”的意蕴，应该请国内外和桂林当地的著名专家、文化学者给出桂林的水文化的准确含义。如发表一些了解漓江和灵渠是了解湘江、珠江文化的前提等观点；理清桂林水文化发展路径和特点，明确桂林水文化在中国水文化的位置，等等。

第二，以点带面，产生通过“水”的著名自然景观推动人文景观发展的效果。以世界知名的、世人熟悉的漓江、灵渠等水文化景点为入手点，以漓江旅游名片形象为基础，推进漓江乡村旅游景点的构建，建立人、自然和谐共生的生活方式；发掘兴安灵渠文物保护边界附近的各种古村落、船上人家的旅游潜能，并实施保护，唤起这些地方的旅游生机。当前，至关重要的是主动推动灵渠的申遗工作，塑造灵渠世界级水平的文化形象。

第三，科技充能，最大程度应用数字技术增强对桂林水设备、水文化的保护。着力推动治水博物馆、水利档案馆、水文展示厅的建造，建设具备综合功能的水利景点、景区，综合体现在同时包含了水利科普、生态旅游、休闲度假与文化体验等。融合漓江别具一格的自然生态，在水利工程、景点的建造过程中，恰当地融入漓江传统文化艺术，持续凸显城市文化内涵特征。

（二）加强水生态和水文化保护

第一，水作为桂林最显著的资源优势，应增强保护。①应加强顶层设计，开展绿色发展理念、实施生态文明构建，增强水资源收集治理，建设综合性的、匹配性高、均衡性好的“水网”，包括生态系统、水利工程、水务管理、智能信息等。②应从源头增强保护，严格实施水资源管理制度，在水资源方面死守“三条红线”，即开发利用控制、用水效率控制、水功能区限制纳污。③应系统开展河长制，注重实施漓江流域禁渔期管理的制度，使得“河畅、水清、岸绿、景美”成为桂林的生态宣传词。④为实现在桂林每个地方都能看到“分明看到青山顶，船在青山顶上行”的景象，应统筹生态、安全、文化、景观、经济等方面，合作发掘“水、岸、滩”模式，一体推动“堤、路、景”的建设。

第二，促进水文化进校园。①应最大程度利用校园网、黑板报、宣传栏等方式推广水知识，发扬水文化。②应举办“水文化”主题班会、水文化进课堂等活动，提升师生保护水资源、水文化的责任感、使命感。

第三，开展不同形式、有创新性的水文化活动。例如为了使得桂林市民养成保护水文化的习惯、桂林水文化浸入人心，可以在来往人员数量多的区域如市中心等开展捍卫“生命之水”的主题活动。

（三）科学利用多元媒体平台进行宣传

第一应该在快手、抖音或公众号等平台推广宣传有关桂林“水”的历史、文化等专题片、短视频等；第二应该多举办、多参加如“长江流域国家水利风景区文化挖掘、传承与创新研讨会”“全国水处理与水循环利用学术会议”“‘水与社会’国际学术研讨会”等国际水文化高端会议和相关专题会议；第三应该主动鼓励著名学者从不同视角对桂林水文化开展研究等等。

当前，灵渠管理方和广西师范大学出版社达成了合作，在探索在广西中小学课外阅读中融入灵渠文化方面做出了有益尝试。

（四）进行多渠道专项融资

一方面最大程度开展以国家政策支持为基础的融资。比如当前灵渠已拿到国家文物局下发的上亿元的保护资金，然而除了兴安县，仍要求各级地方政府通力配合解决相关事项，才能缓解之后的较大的资金需求。另一方面，灵活应用其他形式如银行信贷、引进战略投资人、海外融资、信托投资等以提高招商力度、落实优惠政策，同时通过在用水、用电、土地专用、税收等方面实施优惠，实现为投资开发的旅游项目提供恰当的政策性扶持。完善景区、景点产业结构，为提高融资实力，应把资本重心与收入来源放在宾馆、民居旅馆、餐饮经营、旅游交通、旅游纪念品产销等多项业务上，而不是以门票收入为主的景区开发经营模式。

（五）开发“水”系列的周边产品

以提升消费以及更新桂林旅游观光方式、建造桂林休闲度假旅游目的地、构建国际旅游消费中心为前提，创造性推出“水”系列产品和周边产品。

第一，增强“水”的经济价值调研和课题研究。为实现桂林水资源优势发展，应最大程度应用漓江别具一格的水资源优势，深入研究水经济发展体系。

第二，提高建设“水旅项目”的速度。为让漓江水风光地区变为一个“网红打卡地”同时具有灯光大秀、5D 投影、江上夜游等景象，应深入发掘打造一系列显山、露水、见绿、亲水的水景点，依次建设两江四湖、兴安灵渠、象山水月、遇龙河竹筏、融创水世界等旅游项目，为“水旅产业”的发展提速，发掘水体验康养产品如水上娱乐、水体运动、水趣乐园、漓江天然浴场等，高标准建造水上娱乐世界。

第三，深度推动“水 +N”结合发展，创造以“水”为主体的周边产业和产品。比如为使得漓江水资源优势变为促进经济高质量实施的强大动力，培养拓展漓江经济发展新的增长极限，用心举办龙舟赛、环江马拉松赛、环江自行车赛等体育运动，推动文体产业、旅游产业、康养产业自然结合。

丰富的水文化蕴藏在我国优秀传统文化中，水文化的发掘与成果转化慢慢成了一类新的发展方式。例如长江国家文化公园的建造，“长江国家文化公园是一个新生事物，它不仅是依托长江而建的一个文化公园，还是塑造国家文化实力、实施文化强国战略的重要工程，对于长江水资源的保护和长江流域高质量发展有重要的意义”。① 桂林是一个因“水”闻名的城市，能够以漓江、灵渠为基础，学习长江国家文化公园打造的经验，然后对自身进行科学策划和规划。

总的来说，为实现把桂林建设成亲水型符合宜居、宜业、宜游、宜养特点的“水美城市”，加快桂林成为世界级旅游城市的进程，完成因水聚魂，发掘水文化，提高桂林“魅力值”和以水兴旅，做活水经济，培育发展“新引擎”的目标，需要以水定城、以水定地、以水定人、以水定产，推进水利建设、产业发展、园区建设、生态旅游等部分自然融入城市建设中。

第三节　旅游文化传播路径

在旅游资源方面，桂林拥有很多天然的优势，桂林是得到国务院批准的第一批国际旅游城市中的一个。本节以掌握世界级旅游城市的发展趋势和实践目标的方面，区分定义了世界级旅游城市的概念和“四宜”含义；讨论“四宜”间相互联系；建立“四宜”模式评价模型，依次从就业、创业质量，自然环境、社会人文环境，居民休闲体验、游客旅游体验，旅游环境和服务质量等层面开展综合性评价；针对“四宜”含义和桂林旅游城市建设情况，为世界级旅游城市的建设提出意见。

---

① 郑晓云．长江国家文化公园建设中水文化的价值与实践思考[J]．生态文明新时代，2022(4)：174—180．

一、世界级旅游城市的界定及其定位

国内外对世界级旅游城市的探究仍处于初始阶段，对世界级旅游城市定义与底蕴的准确认知，明确在“四宜”模式下世界级旅游城市的发展方向，是掌握世界级旅游城市发展趋势和实践走向以及促进创建“四宜”优良环境的前提。

（一）世界级旅游城市的界定

国际城市、旅游城市、旅游目的地等许多定义都是世界级旅游城市定义的一部分，当前一些创造性的成果是针对创造与构建国际旅游城市、世界旅游目的地、世界旅游城市群、桂林世界级旅游城市而形成的。对于世界级旅游城市国内外仍没有明确的概念，通过阅读怎样创造、构建国际旅游城市、世界旅游目的地有关文献可知，世界级旅游城市应包括如下特点：

其一，拥有无与伦比的旅游资源，具有世界级的旅游景点；

其二，在国际上享有很高的知名度，在国际品牌上具有强大的竞争力；

其三，旅游产业是城市的主要支柱产业；

其四，旅游的管理和运营效率很高，接待服务也非常出色。

除了上述的特点，世界级旅游城市作为一个高端的城市综合体，还需要深入考虑旅游城市建设对当地居民产生的潜在影响。同时，居民对于旅游城市的生态环境和人文环境的建设需求也不容忽视。这意味着我们不能忽视旅游城市居民对“宜居”的追求，而城市的主要功能也会向“人居服务”的方向转变。此外，世界级的旅游城市为游客提供了一个获取新知识和积累美好回忆的场所，它是一个能让游客感到放松、愉快和难以忘怀的“宜乐”之城。这个城市不仅承载了游客对美好生活的期望和向往，还在文化、休闲和娱乐生活中扮演着重要的角色，具有极强的示范作用和普适性。综合考虑，一个世界级的旅游城市可以被定义为：拥有独特的旅游吸引力，以现代旅游产业为基础，适合从事旅游业，能够充分满足居民和游客的休闲、观赏和娱乐需求，适合人类长期居住，具有高度发达的旅游业和服务设施的国际化旅游目的地和旅游集散中心。

（二）世界级旅游城市的定位

学者们对城市的定位问题进行了深入的思考和分析。对过去关于城市定位问题的研究进行了总结和归纳，其主要目标可以概括为以下几个方面：

其一，定位旨在展示城市的独特性，使其与其他城市有所区别；

其二，通过精准的定位策略，城市可以集中精力提升其核心竞争力，从而获得最大的竞争优势；

其三，通过明确城市在该特定区域内的功能定位，最大限度地发挥其功能价值。

因此，在确定世界级旅游城市的定位时，应重点分析旅游城市的独特性、核心竞争力以及该城市在区域内的功能和地位。

“世界级”代表了一个城市的层次，而“旅游城市”则展示了城市的专业功能。与综合性全球城市和区域性全球城市的特点不同，世界级的旅游城市被归类为专业型的国际城市。对于世界级的旅游城市来说，吸引游客的首要因素是其核心的旅游资源。而对于一般的国际城市来说，增强城市的综合能力或政治经济实力是提升其竞争力的最佳方式；对于具有功能性的旅游城市来说，提升旅游资源的品质、服务水平和旅游品牌的影响力，是增强其国际竞争力的最重要方式。

所以可以将世界级旅游城市的定位理解为：世界级旅游城市是旅游城市发展的高端形态，它在旅游休闲度假、文化传播、人类居住、国家品牌形象塑造等方面具有广泛的全球影响力、吸引力、辐射范围，同时也是世界旅游生产要素的聚集和调控配置的战略管理中心。

二、旅游经济学视角下的世界级旅游城市“四宜”模式

（一）世界级旅游城市“四宜”模式的内涵

1. 世界级“宜业”旅游城市

“业”这个字的原始意义是指古代乐器的横板，经过雕刻成锯齿形状后，用来挂挂钟、磬等乐器。随着时间的推移，“业”这个字先是用来指代学业，后来又被用来指代各种不同的行业和事业，最后又被用来指代各种产业。“宜业”是指适合就业和发展事业的意思。合适的就业环境主要表现在提供丰富的工作机会、广泛的就业选择、体面的工作环境、良好的工作氛围以及具有竞争力的薪资待遇；为了促进事业的健康发展，我们需要一个良好的商业、投资和政策环境，同时也要有广大的消费市场、高效的生产设备和完备的产业服务设施。作为一个世界级的旅游城市，其旅游产业需要具有显著的优势。一方面，通过推动旅游经济的增长来促进其所在地区的整体经济水平发展，从而形成了一个区域性的旅游产业集群；另一方面，旅游业可以与城市的转型发展紧密结合，推动城市功能与产业功能的融合。这种结合不仅可以推动其他产业的全面发展，还会在城市转型和发展

的全过程中起到关键作用，为城市产业和居民的健康就业提供支持。一个世界级的旅游城市应具备世界顶级的旅游行业领军企业，而其他的旅游企业则应围绕这些领军企业建立专业化的分工体系；城市居民的主要就业来源是旅游和与旅游相关的服务行业，旅游产业的集中生产为地方居民提供了更多的创业和就业机会，从而通过旅游产业提高了他们的整体收入水平。在旅游产业中，产业的集中度、专业化的分工以及协同合作的程度都相对较高，这导致了政府与旅游公司、企业与其他企业之间展现出了高度的合作灵活性。

2. 世界级“宜居”旅游城市

所指的“宜居”实际上是指一个适合人类居住的城市。在1996年的联合国第二次人居大会上，提出了“城市应当是适宜居住的人类居住地”的观点，强调宜居城市应具备优质的居住和空间环境、丰富的人文社会环境、良好的生态和自然环境，以及清洁高效的生产环境。①1898年，英国学者埃比尼泽·霍华德提出了“田园城市理论”，该理论主张在城市中平衡居住、工业生产和农业区域的比例，以构建一个宜居的花园式城市。②世界级的旅游城市是以生态为基础的，在旅游业的推动下，自然生态环境和人文社会环境得到了有机的结合，减少了大规模工业化生产带来的环境污染，具有天然的宜居优势，拥有高质量的生态环境和美丽的自然风景；这里的人文和社会环境都非常和谐，居民的居住环境是安全的，活动空间是开放和包容的，他们的日常生活活动非常丰富，生活方式也是纯朴和健康的。城市的发展应当以人为本，追求更加自然、舒适和便利的生活方式，这应是世界级旅游城市的发展方向和目标。“宜居”这一理念不仅是为了满足本地居民的需求，同时也是为了给外来游客提供良好的环境。为了提供更广阔的视角和更健康的生活方式，现在有更多的游客选择了如“度假式旅居”和“候鸟式养老”这样的旅行方式。这种舒适的居住环境为游客带来了家一般的温馨，加上宜人的气候、周到的社会服务、完善的医疗保障和开放的城市文化，使得游客在养生旅居、异地医疗和异地学习方面都能体验到更多的便利。

3. 世界级“宜乐”旅游城市

一个世界级的旅游环境优越的城市，除了拥有美丽的自然景色和宜人的环境

① 陈伍香．桂林打造世界级旅游城市的“四宜”模式构建与路径优化[J]. 社会科学家，2023（01）：65—72.

② 尹潘，王孟永．重回“三磁体”——百年田园城市的可持续发展之路[J]. 城市发展研究，2015（08）：1—6.

外，其社会氛围和社会活动也要满足居民和游客的休闲、观赏、娱乐等“宜乐”的需求。旅游不仅是游客的一种休闲方式，它还能为人们带来身心的愉悦和充实的生活的，使他们能够体验到超乎寻常的乐趣和享受。“宜乐”涵盖了两大核心目标，第一是提高居民的休闲生活品质，例如居民下班后的休闲娱乐、周末的短途度假游玩以及夜间的消费体验等；第二是关于游客的旅行体验，这意味着当游客来到这个目的地时，他们可以学到新的知识，积累许多难忘的回忆，并体验到放松、满足、愉快、难以忘怀甚至是震撼的感觉。另外，被誉为世界级的“宜乐”旅游城市，其环境必须满足以下几点要求：一是旅游资源的充分开发和旅游相关的设施设备的完善，以确保既能满足当地居民的需求，也能满足外来游客的期望；二是城市的建设是以用户体验为核心，确保城市的创新和活力并存，并促进经济与社会的和谐发展；三是高度重视自然生态环境，让城市变成居民和游客的理想居住地。

4. 世界级“宜游”旅游城市

典型的旅游活动的核心要素可以总结为“食、住、行、游、购、娱”这六大部分。尽管近些年有学者提出了新的六大要素，但不论旅游要素如何演变，“宜游”的核心目标始终应该是满足人民日益增长的旅游需求和体验，确保目的地成为一个适合开展旅游活动的地方，并为游客带来高品质的旅游服务。世界级的“宜游”旅游城市，作为游客进行物质和精神消费的主要场所，需要具备独特的旅游吸引物和完备的旅游服务设施。我们必须重视目的地及其居民生活的可持续发展，在充分挖掘目的地旅游资源的基础上，通过整合和提炼，建设一个具有国际交通条件、优质旅游设施和服务、高效完善的管理体系、良好的旅游城市形象、完善的旅游市场的旅游目的地。

（二）世界级旅游城市“四宜”模式的要素

在旅游城市的建设过程中，“宜业、宜居、宜乐、宜游”的各种理念之间有着紧密的联系，但又存在明显的差异。如果开发模式或产品开发不恰当，可能会导致一系列的冲突和矛盾。因此，如何在“宜业、宜居、宜乐、宜游”这四个一体的模式下，使旅游城市能够相互补充并实现协调发展，成为建设世界级旅游城市的关键和难题。

“宜业”为世界级的旅游城市提供了必要的服务支持。“城市”是由“城”和“市”两个部分构成的，其中“市”是生产交换的产物。由于世界级城市的庞大规模，旅游城市必须具备出色的接待能力和高效的服务管理能力。为文化旅游企业提供服务保障的根本在于人力资源，而留住这些人才则是培养具有显著创新能力和综合服务规范的企业的基础条件。“人”是推动“宜业”城市发展的核心力量，“宜业”为“宜游”提供了坚实的服务基础。如果没有旅游企业家、旅游创业者等专业人士来为旅游市场提供必要的人力资源，那么旅游活动将无法顺利进行。

“宜居”代表了世界级旅游城市功能的进一步发展。所谓的“宜居”并不是城市天生就具备的特性，而是在“宜业”达到一定水平后，随着城市经济的增长和居民、游客对城市生活质量的更高期望而形成的。在城市发展中，“宜居”的核心理念强调了城市生活的高效与便利，以及居住环境的安全与舒适，同时也突出了生活环境的舒适与便捷。城市中的“宜业”与“宜居”是相互补充并相互影响的。城市的“宜业”为“宜居”提供了坚实的经济基础。一个真正“宜居”的城市不仅可以减轻居民的工作压力，还能让人们更加热衷于工作，感受到工作为生活带来的满足感，从而使城市变得更加“宜业”。“宜居”城市不仅注重为外来游客提供全面的服务，还将居住需求与旅游需求紧密结合，旨在为旅行者创造一个舒适、高效和便捷的居住环境，以实现生态养老、休闲度假和健康生活的多重目标。因此，一个环境宜人且具有包容性的“宜居”城市成为旅居“宜游”的关键因素。

“宜乐”代表了世界级旅游城市的发展愿景，它体现了“宜业”、“宜居”和“宜游”三大理念的和谐进展。“宜业”、“宜居”和“宜游”是所有城市居民和游客在精神层面上的追求。当这些理念在实际操作中得到有效的施行，居民的生活品质将会得到显著提升，同时游客的旅游需求也将得到全面的满足，最终呈现出的效果便是“乐”。在现代社会中，无论是居住在城市的居民还是来自外地的游客，都需要从短暂的身体和精神疲惫中解脱出来，以寻找生活中的乐趣。考虑到人们日常生活中最基础的需求，旅游城市的建设需要在生产、生活和生态三个方面进行全面规划，这无疑会提升居民在休闲生活中的幸福感和游客在旅游中的体验感。

“宜游”构成了世界级旅游城市发展的基础要素。游客选择前往某个旅游目的地的主要原因是，那里的特定活动或景观对他们有着巨大的吸引力。拥有独特的旅游吸引点是这个城市能够被选为旅游目的地的基础，而“宜游”则是其发展成为世界级旅游城市的必不可少的前提条件。“宜游”这一理念主要是为了满足外来游客的需求，城市致力于为游客提供服务，确保游客在旅游过程中能够获得各种不同的体验，从而让他们有一种既独特又满意的旅行体验。从相对的角度看，“宜游”相较于“宜居”具有更高的开放性和包容性，而“包容”则需要得到整个社会的认同和尊重。作为一个世界级的城市，其定位使得城市变成了地方居民与全球游客共同使用的区域。因此，在城市建设过程中，需要对旅游和居住用地进行全面的规划和协调，以避免在旅游业发展和宜居城市建设过程中出现资源争夺的问题。

（三）世界级旅游城市“四宜”模式的评价指标

从旅游经济学的研究对象角度来看，旅游活动是必然会涉及旅游者、旅游经营者和旅游组织的经济行为，即研究对象为旅游者、旅游经营者和旅游组织之间出现的各种经济现象。因此，应该从旅游经济学的角度，结合“四宜”模式发展内涵来分析世界级旅游城市“宜业、宜居、宜乐、宜游”模式的评价指标。既要从旅游者的角度考虑旅游需求、旅游消费、旅游决策等内容，又要从旅游经营者的角度考虑旅游供给、旅游产品、旅游投资与收入等内容。而在旅游者、旅游经营者与旅游组织之间进行经济交换的过程中，各种要素相互联系、相互作用，就形成了旅游市场，为了避免市场的自发作用导致无序竞争等问题，还需要考虑政府宏观调控的作用，即在旅游者层面上，提供高质量的旅游环境、旅游服务与旅游体验，满足旅游者“宜游”“宜乐”的旅游需求。在旅游经营者层面上，保证就业质量与创业质量，营造良好的自然环境与社会人文环境，达到“宜业”“宜居”的发展目标。在旅游组织层面上，为保障“四宜”模式的稳定运行，还需要发挥旅游行政政府组织的宏观调控作用，对旅游市场进行规制。

从旅游经济学的研究内容角度来看，基于旅游经济形成的基础与条件，将其研究内容具体分为旅游产品与服务、旅游需求与消费、旅游生产与供给、旅游价格与供求平衡、旅游市场与竞争、旅游经济运行与调控等。在旅游产品与服务层面上，既要注重环境质量，也要注重服务质量，把观赏游憩价值、安全保障、环境卫生作为环境质量的评价指标，把交通设施、服务人员素质、咨询服务便捷度作为服务质量的评价指标。在旅游需求与消费层面上，打造世界级旅游城市，既要满足游客旅游体验，还要满足居民休闲体验，同时营造“宜居”的自然环境和社会人文环境，把餐饮住宿环境、购物娱乐、行程安排作为游客体验的评价指标，把充足的休闲时间、日常行为活动、短途度假、夜间文旅消费活动作为居民休闲体验的评价指标。旅游生产与供给则是在满足旅游需求与消费的基础上，完善旅游产品开发和旅游产品体系建设的过程，需要同时注重就业质量与创业质量，把就业机会、工作环境、劳工市场质量、薪资待遇、体面工作程度作为就业质量的评价指标，把经商环境、政策支持、消费市场需求、配套服务设施作为创业质量的评价指标。为保障市场价格与供求的平衡、维护市场经济运行与调控需要政府政策支持。

三、桂林打造世界级旅游城市“四宜”模式的构建

（一）桂林世界级旅游城市的定位

通过回顾桂林城市定位的历史变迁，我们能够从中发现，桂林从工业城市转型为旅游城市（其间经历了再工业化阶段），第三产业占比不断上升，桂林旅游城市品牌、旅游城市形象以及在国内城市中的地位不断提升。但是，从现实角度来看，桂林的城市总体经济水平、城市职能结构体系、国际通达条件等各方面较北京、上海、广州、深圳等较大旅游城市，尚存在一定差距，因此，需要依托稀缺的旅游资源提升城市竞争力，切实贯彻落实习近平视察广西及桂林时的重要讲话和重要指示精神，构建新发展格局，将桂林建设成人人向往的宜业、宜居、宜乐、宜游的世界级旅游城市。首先，建设以生态环境为依托，以人为本，以全球化大众旅游、智慧旅游、“旅游＋”“＋旅游”现代旅游业体系为驱动，生产、生活、商贸等多元服务融合的世界级宜业旅游城市。其次，建设开放包容、纯净淳朴、健康发展、让生活更美好的世界级宜居旅游城市。再次，建设以体验为导向、人与自然和谐共生、经济与社会和谐发展、美美与共、愉悦幸福、心灵栖息的世界级宜乐旅游城市。最后，建设有国际化的交通条件、优质的旅游服务环境、高品位的旅游资源、高效的旅游管理体系、完善的旅游市场等关注目的地及其居民可持续发展的世界级宜游旅游城市。①

（二）桂林世界级旅游城市“四宜”模式的质量评价指标

为高质量打造桂林世界级旅游城市，根据“宜业、宜居、宜乐、宜游”四宜模式发展的世界级旅游城市内涵，结合桂林世界级旅游城市的建设现状，本研究侧重从就业与创业、自然与社会人文环境等方面选取指标评价桂林世界级旅游城市“四宜”模式的构建质量。

---

① 陈伍香．桂林打造世界级旅游城市的“四宜”模式构建与路径优化[J]．社会科学家，2023(01)：65–72.

1．“宜业”质量评价指标

关于“宜业”质量水平评价，目前学术界和实践界多从就业质量、就业环境质量、劳工市场质量、工作体面程度等方面间接评价“宜业”质量。李昊等从企业环境、就业保障程度、市场化程度等方面评价就业创业环境[①]；拉肯就业质量指标体系、国际劳工组织体面劳动指标体系（DWI-1、DWI-2、DWI-3、DWI-4）、就业质量指标体系（IJQ）等评价体系被广泛应用于欧美各国并开展研究[②]。结合对宜业内涵的研究，应从就业质量和创业质量两方面进行指标体系构建。其中针对就业质量，选择就业机会、工作环境、劳工市场质量、薪资待遇、体面工作程度作为评价指标；针对创业质量，选择经商环境、政策支持、消费市场需求、配套服务设施作为评价指标。

2．“宜居”质量评价指标

2005 年 1 月，国务院常务会议通过《北京城市总体规划（2004—2020 年）》，首次在我国提出要从社会文明、经济富裕、环境优美、资源承载、公共安全等方面建设“宜居”城市。[③]《GN 中国宜居城市评价指标体系》包括了生态环境健康指数、生活便利指数、生活舒适指数等。[④]“宜居”指标不仅要关注当下居住环境，也要关注未来居民居住质量。居民是世界级旅游目的地的重要组成部分，成功的旅游开发会促进旅游城市的可持续发展并提高当地居民的居住质量。居民的居住环境既要考虑自然环境，又要考虑社会人文环境。相关学者的研究结果表明，旅游社区地方居民生活质量的提高，有助于推动居民参与旅游开发。也有学者认为，与旅游相关的社区生活质量包括社区条件和社区服务两个方面，其中社区条件涵盖工作机会、基础设施、交通条件等。

3．“宜乐”质量评价指标

目前，已有的文献研究主要从时间角度、活动角度、存在状态、主题感受对居民休闲体验进行界定，即至少包括时间、活动、体验、生活方式这些要素。有学者认为游客体验是“宜乐”的直接表现，而其中的愉悦度是衡量旅游体验质量

① 李昊，曹悦，张书华．京津冀城市群生态宜居宜业协同发展水平的测度[J]. 统计与决策，2021（06）：78—81.

② 张欢，汤尚颖，耿志润．长三角城市群宜业与生态宜居融合协同发展水平、动态轨迹及其收敛性[J]. 数量经济技术经济研究，2019（02）：3—23.

③ 吴唯佳，于涛方，赵亮，等．北京城市空间趋势和布局战略思考：《北京城市总体规划（2004—2020 年）》实施评估研究[J]. 北京规划建设，2012（01）：15—19.

④ 郑亚平，聂锐．城市规模扩张要“适度”[J]. 宏观经济研究，2010（12）：58—61.

最具统合力的指标，是最高层次的一种指标。也有学者认为，好的游乐体验表现在服务供给、学习、娱乐、功能价值、信任等方面。本研究根据主体对象，从居民休闲体验和游客旅游两方面构建“宜乐”质量评价指标体系。把充足的休闲时间、日常行为活动、短途度假、夜间文旅消费活动作为桂林居民休闲体验评价指标；结合旅游六要素“食、住、行、游、购、娱”，把餐饮住宿环境、购物娱乐、舒适放松的行程作为桂林游客旅游体验的评价指标。

4.“宜游”质量评价指标

“宜游”城市，需具备良好的吸引物、交通、配套设施、环境等。有学者认为旅游环境质量既包括自然环境质量，也包括社会环境质量。也有学者认为旅游目的地的“宜游”性应涵盖通达性、自然地理、本土文化、地方接待、建筑风貌、旅游目的地管理等方面内容。

桂林世界级旅游城市“四宜”模式质量评价指标体系如表 5-3-1 所示。

表 5-3-1　桂林世界级旅游城市“四宜”模式质量评价指标体系

目标	一级	二级	三级
桂林世界级旅游城市质量评价指标体系	“宜业”质量评价指标	就业质量	就业机会
			工作环境
			劳工市场质量
			薪资待遇
	“宜业”质量评价指标	就业质量	体面工作程度
		创业质量	经商环境
			政策支持
			消费市场需求
			配套服务设施
	“宜居”质量评价指标	自然环境	环境优美度
			气候舒适程度
			资源承载力

续表

目标	一级	二级	三级
桂林世界级旅游城市质量评价指标体系	“宜居”质量评价指标	社会人文环境	治安环境
			文化包容程度
			社区基础设施及服务
			医疗保障设施及服务
			生活便利程度
			经济富裕指数
	“宜乐”质量评价指标	居民休闲体验	充足的休闲时间
			日常行为活动
			短途度假
			夜间文旅消费活动
		游客旅游体验	餐饮住宿环境
			购物娱乐
			舒适放松的行程
	“宜游”质量评价指标	旅游环境质量	观赏游憩价值
			安全保障
			环境卫生
		旅游服务质量	交通设施
			服务人员素质
			咨询服务便捷度

四、桂林打造世界级旅游城市“四宜”模式的路径

（一）先行示范，特色发展

先行示范应坚持走“特色发展”之路，将桂林建设为“四宜”世界级旅游城市。

一是突破“经历过完整的工业化阶段”，具备发达经济的经济驱动型旅游发展模式，完善产业结构，走特色化的生态引领型旅游发展模式，把商业性的旅游业与城市的生态旅游结合起来。

二是加强宣传，使发展目标能够得到普遍了解与支持。

三是对标建设，挖掘世界级旅游目的地若干特征，结合桂林自身禀赋和优势特色，辨识“四宜”关键要素，构建桂林世界级旅游城市建设标准体系，顶层规划设计，使之分工明确，协同、有序、高效对标建设。

四是坚持政府支持、主导，分阶段建设，按对标分为基础建设阶段、发展阶段、提升阶段，将桂林打造成为具有独特而广泛的旅游吸引物、独特魅力的国际旅游品牌形象、世界级的旅游城市环境、独特而发达的现代服务业的先行示范区。

（二）整体布局，深度融合

构建桂林世界级旅游城市“四宜”模式，需整体布局，强化融合，实现整个区域协同合作、共同发展。一方面，加强区域性设施的共建共享，构建完善的交通体系，结合各区域景观特色打造精品旅游线路，实现地域上的整合。另一方面，加强城乡、“旅游 +”、主客的融合。

一是城乡融合。改善城乡要素流动和配置格局，实施以人为核心的新型城镇化战略，建设新型城镇化示范乡镇、农村改革试验区、国家城乡融合发展试验区，形成多中心、多层级、多节点的网络型世界级旅游城市。

二是旅游大融合。整合桂林自然、纯净、灵秀、淳朴，以及王城、古镇、古圩、古村落等最为吸引力的元素，尊重本土民俗文化以及居民生活方式，把传统意义上的旅游城市资源进行重新整合，形成新的产业集聚区，分别为宜业、宜居、宜游创造产业条件、外部环境和景观资源。

三是居民与游客融合。既要保留桂林居民的生活习惯、城市记忆和乡土情怀，满足外来游客的精神追求，也要让“舒适、共享、自由与包容”成为桂林独有的特征，让游客更好地融入桂林生活，提高居住的幸福感和游玩的体验感，在宜业、宜居、宜游的基础上实现宜乐目标。

（三）瞄准重点，精准施策

桂林世界级旅游城市“四宜”模式的构建，需抢抓机遇，瞄准重点，精准发力。

第一个重点是生态保护。坚持把生态保护放在首位，在生态保护基础上实现生态产业化发展，用以更好地保护生态自然资源，包括“被列入世界自然遗产名录”的世界上发育最典型的岩溶地貌和漓江国家风景名胜区。保护生态人文资源，桂林是首批国家历史文化名城，对桂林的历史文化资源要做好系统性的调查与保护，创造“宜居”“宜游”的生态环境与人文环境。

第二个重点是人才战略。桂林高层次人才较稀缺，建设世界级旅游城市要加大人力资本的投入，针对党政机关、企事业单位和社会各方面的人才流动构建规范灵活的制度体系，创造良好的就业、创业环境。

第三个重点是科技创新。借助5G、人工智能、场景科技、沉浸体验、深度人体姿态识别、深度视帧分析等前沿技术，研发线上数字化互动体验产品，为游客提供全新的沉浸式游玩体验。运用大数据、互联网、全链路高效协同方法以及智能算法等前沿技术推动桂林世界级旅游城市管理创新，联通桂林各政务部门数据，为当地居民和外来游客提供智能化、可视化的城市管理与服务。

第四个重点是枢纽建设。一是交通枢纽，在交通路线上加快普通国省干线公路及相邻景区连接公路建设，打造更加便捷高效的交通网，做好自驾车房车营地，在黄金周、小长假等高峰时段增加主要景区的旅游专线，提升旅游运输服务质量。二是信息枢纽，应用新一代信息技术，加快大数据、VR/AR、5G、区块链等技术在各类场景中的应用，开展城市信息模型基础平台建设，构建覆盖环境卫生、城市交通、便民服务、城管执法等多个功能版块的信息技术系统，为打造“四宜”模式提供技术支持。三是消费枢纽，营造新型的消费环境，从美食、观光、文创、休闲等多个方面来提升观赏游玩的价值。创新城市夜间消费场景，升级夜间经济商圈，打造具有地方特色的夜间消费区。倡导绿色消费，增加绿色旅游产品与服务的供给。

（四）政府引领，优化职能

桂林世界级旅游城市“四宜”模式的构建，需优化政府职能，充分发挥政府的引领作用。政府职能的优化，主要体现在做好以下五种角色。

一是体制引导者，从“四宜”模式的各项指标展开体制规划。发展特色主导产业，拓宽就业及创业渠道。协调好各类用地的规划布局，坚持生态底色，着力保护漓江生态系统，整治城乡环境。落实好游客旅游安全的保障政策，提供高质量的旅游服务。

二是政策服务者，打造服务型政府。加强对城市规划、城乡建筑保护性改造、生态资源保护以及土地开发利用等方面的政策支持与监管。结合桂林财政状况，借鉴国家关于扶持重点产业的相关政策，考虑实施可行的财税优惠政策。健全法制建设，加强对旅游市场秩序的监管，提升工作人员的公共服务意识。

三是创新倡导者，打造规范、宽松有活力的创新环境。借助“云数智”前沿技术，线上和线下示范应用推广，探索出具有借鉴意义的世界级旅游城市模式样板。注重人才引进，制定优惠政策来吸引高级人才，加强知识产权保护，激发企业及个人的创新积极性。

四是社会协调者，在政府的引导下协调好经济发展和社会效益之间的关系，建立宜居、宜游的外部社会环境。加快国家可持续发展议程中关于创新示范区的建设，重视生态环境，保护青山绿水。充分挖掘历史人文优势、民族风情优势以及红色文化优势，丰富旅游产品内容，避免出现同质化和商品化现象。

五是信息资讯者，为企业发展提供信息咨询，提高企业创新积极性。鼓励机构及专家为企业提供有关品牌策划、市场营销、对外出口等活动的咨询服务。组织各类专业展销会，鼓励企业积极参与，提供更多国际合作的机会。依托高校及专业机构开展相关业务培训，提高管理者的经营水平和服务人员的工作素质。

（五）完善机制，强化保障

桂林世界级旅游城市“四宜”模式的构建需要机制保障。

一是完善旅游市场机制，壮大旅游市场主体。增强市场活力，实施政府主导下的多元投资战略，同时提高旅游市场的治理能力。高水平的旅游消费市场可以释放出更多的消费潜力，使造血和输血相结合。

二是构建旅游监管机制，加强执法监管，杜绝旅游市场乱象。倡导人民监督、社会监督，加强行为制约，形成良好的社会风气，争取国家和自治区层面改进机制同步进行，取得项目或政策方面的保障，持续提升优化旅游环境。

三是要完善管理服务融合机制。把公共服务做到极致，无论是日常投诉、旅游服务质量投诉，还是营商环境服务投诉，要一次沟通解决问题，为游客提供最大便利，提高游客咨询服务便捷度。

四是要完善开放发展机制。利用区位优势，建设对接粤港澳大湾区、辐射西南地区、面向东盟国家的国际消费中心城市，引入国内、国际知名品牌与企业，提高城市就业及创业环境质量。

五是要完善评价机制。以创立特色为目标，以创新和质量为导向，明确城市定位，切实发挥积极评价对桂林世界级旅游城市的正确导向与激励作用，从多个方面改进完善，扬长补短，树立良好的世界级旅游城市形象。

六是共建共享机制。共享发展理念是对新时代中国发展阶段的全新认识和深刻把握，加快建设景区大数据中心，打造智能硬件管理系统和开放共享的综合运营管理平台，实现资源和信息的共建共享。协调各利益相关者的关系，提升各个主体的认知水平，使政府、企业、居民协同出力，共建共享，营造和谐的旅游环境。

参考文献

[1] 张莉杰．旅游管理与旅游文化传播 [M]. 延吉：延边大学出版社，2022.

[2] 潘晓波，黄强，王维，等．中国武术文化与旅游 [M]. 武汉：华中科技大学出版社，2021.

[3] 于卫华，袁治盛，方洁．旅游文化传播策略研究 [M]. 北京：华龄出版社，2020.

[4] 幸念．旅游服务行程设计与文化传播研究 [M]. 北京：中国商务出版社，2020.

[5] 刘海新．旅游公共服务 [M]. 成都：西南财经大学出版社，2020.

[6] 龚露阳，刘振国，梁科科，等．交通运输服务与旅游融合发展理论与实践 [M]. 北京：人民交通出版社，2020.

[7] 李天雪．文化旅游融合与创新发展研究 [M]. 北京：中国旅游出版社，2019.

[8] 薄言．产业观光旅游设计 [M]. 北京：中国商业出版社，2019.

[9] 王昆欣，张苗荧．乡村旅游新业态研究 [M]. 杭州：浙江大学出版社，2019.

[10] 王成平，魏铜铃．文化传播视域下交通与旅游融合发展探索 [M]. 北京：人民交通出版社，2019.

[11] 马蕊．跨文化意识在旅游景点英语翻译中的运用思考 [J]. 新楚文化，2022（11）：56-59.

[12] 晁小景，王庆生．讲好地方故事：新媒体时代旅游文化的融合传播 [J]. 新闻爱好者，2022（10）：63-65.

[13] 石岩．文旅融合背景下中原文化传播策略研究 [J]. 新闻爱好者，2022（10）：100-102.

[14] 王梓璇，姚姿如．浅析民俗文化旅游类短视频的传播特征及策略 [J]. 文化产业，2022（29）：37-39.

[15] 项萌萌．短视频传播赋能民族特色旅游文化产业发展研究 [J]. 文化产业，2022（28）：132-134.

[16] 张晟，张玉蓉．元宇宙视域下文化旅游数字化传播探索 [J]. 新闻爱好者，2022（09）：60−62.
[17] 刘修艳，刘修容，马丹．地级市文化旅游品牌的整合营销传播方略 [J]. 今传媒，2022，30（09）：121−123.
[18] 韩泳．新媒体时代下文化旅游品牌塑造研究 [J]. 中国市场，2022（24）：147−149.
[19] 方微，周波，夏国芳．国家考古遗址公园的价值阐释及其旅游国际化发展路径 [J]. 浙江树人大学学报，2022，22（04）：52−60.
[20] 刘孝蓉，冯凌．从传承到传播：农业文化遗产旅游形象建构与推广 [J]. 旅游学刊，2022，37（06）：5−7.
[21] 雷茜．新消费背景下中国非遗产业创新架构研究 [D]. 西安：西安美术学院，2022.
[22] 楚国帅．我国文化生态保护区建设的理论与实践研究 [D]. 济南：山东师范大学，2022.
[23] 王晓彤．文旅融合背景下陕西旅游政务公众号传播研究 [D]. 西安：西安工业大学，2022.
[24] 王瑞．武陵山区旅游品牌传播的生态符号与文化向度 [D]. 恩施：湖北民族大学，2022.
[25] 左静．泾县文化旅游宣传片创作与传播实践 [D]. 芜湖：安徽工程大学，2022.
[26] 陶蓉蓉．乡村旅游业升级中的艺术介入研究 [D]. 南京：南京艺术学院，2022.
[27] 简鑫．广府旅游美食视觉化设计的应用研究 [D]. 广州：广东工业大学，2022.
[28] 张新成．文化和旅游产业融合质量评价及空间溢出效应研究 [D]. 西安：西北大学，2021.
[29] 高洁．基于文化视角的中西文化遗产管理比较研究 [D]. 济南：山东大学，2021.
[30] 郭春霞．空间视阈下白银市矿山公园的城市文化建构与传播研究 [D]. 重庆：西南政法大学，2021.